메타버스 경제활동 영토를 선점하라 I

메타버스

가상세계와 새로운 부(富)의 탄생

주 종 민 지음

光文閣
www.kwangmoonkag.co.kr

　인터넷 기술, 모바일 기술, 그다음은 메타버스 기술의 시대를 거쳐 이번에는 메타버스 기술이 화두가 되었습니다.

　2009년 스마트폰이 처음 세상에 공개되었을 때 많은 사람이 전화기에 음성 통화 기능과 문자를 보내는 기능 외에 쓸모없는 기능들이 잔뜩 추가되었다고 하며 새로운 기술에 잘 적응하지 못했습니다. 기기를 다루는데 익숙한 일부 사람들만 스마트폰을 능숙하게 다루었습니다. 그러나 13년이 지난 지금, 우리는 스마트폰을 이용해 전화 통화보다는 SNS, 앱, 인터넷 기능을 더욱 많이 사용합니다.

　메타버스도 마찬가지입니다. 지금은 모든 게 새롭고 익숙하지 않아 어색할지도 모릅니다. '우리가 공연 영상을 볼 때 유튜브와 같은 동영상 플랫폼에 접속하여 감상하면 편리합니다. 굳이 '메타버스 플랫폼에 접속해서 아바타를 이동하여 가상의 세계 안에 있는 커다란 스크린에 나오는 동영상을 바라보는 아바타의 뒷모습을 봐야 할 할 필요가 있을까' 하는 생각을 할지도 모릅니다.

　지금 가상세계에서는 새로운 세상이 펼쳐지고 있습니다.

　가상 경제와 현실 경제가 연결되어 가고 있습니다. 어스2와 디센트럴랜드 등과 같은 플랫폼에서는 가상의 부동산을 분양해서 그 안에서 사람들이 땅을 사고팔고 건물을 짓고, 아이템을 만들며 경제 활동을 하고 있습니다. 2021년 11월 토큰스닷컴의 자회사인 '메타버스 그룹'은 디센트럴랜드 패션 스트리트 구역에 약 170평 크기의 땅을 29억 원에 매입하기도 하였습니다. 그리고 2억 명이 선택한 제페토에서도 아이템 크리에이터라는 새로운 직업이 생겨서 매달 평균 1,500만 원의 수익을 거두고 있는 사례가 나오고 있습니다. 또한, 로블록스 게임 개발자 중 상위 300명은 1년 동안 10만 달러(약 1억 원) 이상 벌었다고 합니다. 그리고 개발자 1인당 평균 1,000만 원 정도 수익을 거둔다고 합니다.

디지털 공간에서 제작한 작품을 블록체인 기반의 NFT로 만들어 사고파는 시장의 규모도 커지고 있습니다. 비플이라는 예술가 작품의 소유권이 NFT형태로 785억 원에 낙찰되었습니다. 이미지 파일의 원본 구매에 대한 가격이 아니고 단지 소유권을 가지는 것에 대한 금액입니다. 또한, 여러 가지 밈들도 NFT로 거래되고 있습니다. 니안켓(Nyan Cat)밈은 약 6억 6,000만 원에 판매가 되었습니다.

위에 제시한 경제 활동 사례들은 나와는 딴 세상 이야기가 아닙니다. 여러분도 이 책을 읽고 메타버스와 관련한 현재의 동향을 파악하고 가상 경제 활동 참여 방법을 조금만 찾아본다면 참여가 가능합니다.

경제 분야뿐만 아니라 사회, 문화 분야에서도 변화가 일어나고 있습니다. 코로나 19가 종식된다고 해도 우리 사회에는 비대면 문화가 더욱 확산할 것입니다.

불과 3~4년 전만 하더라도 인공지능 기술이 낯설고 운전자 없이 주행하는 자동차는 먼 미래의 이야기처럼 생각된 때가 있었지만, 지금은 자율주행 자동차가 상용화 단계가 되고 사람들은 냉장고, 세탁기와 같은 가전제품에 적용된 인공지능 기술에 익숙해졌습니다.

메타버스도 마찬가지입니다. 아직은 우리에게 생소한 분야이지만, 가까운 미래에 우리에게 필수적인 영역이 될 것입니다.

메타버스로 인해 사람들의 문화생활도 많이 바뀌었습니다. 포트나이트의 가상 공간에서 트래비스 스캇이 콘서트를 열어 전 세계 2,800여만 명의 관중들이 실시간으로 공연을 관람하였고, 제페토에서는 블랙핑크의 팬사인회가 열려 4,300여만 명이 참여한 것만 봐도 메타버스로 인해 문화를 즐기는 방법이 달라진 것을 알 수 있습니다.

사회성에 관한 개념도 바뀌고 있습니다. 대면 문화에서는 사회성의 판단 기준이 오프라인에서 얼마나 활발하게 관계를 맺느냐였지만 지금은 오프라인과 온라인에 관계없이 얼마나 많은 사람들과 소통하느냐로 그 기준이 변하고 있습니다. 일례로 오프라인에서 인간관계를 거의 하지 않지만 가상 공간에서는 아바타를 이용해 꾸준히 소통하고 경제 활동을 하는 인플루언서들의 사회성이 더 뛰어나다고 인정하는 사회 분위기가 형성되었습니다.

집에서의 생활 모습도 많이 바뀌었습니다. 가족들이 서로 한 공간에 모여 있지만 각자 자신의 스마트폰만 바라보는 모습이 일상이 되어 가고 있습니다.

인터넷 기술의 발달로 SNS와 게임에 많은 사람이 모이게 되었습니다. 앞으로는 5G 기술과 메타버스에 관련한 VR, AR 관련 기술이 발달하면서 사람 사이의 관계에 대한 개념을 다시 정립해야 할 필요가 생겼습니다.

메타버스 기술이 미래의 우리 생활에 중요한 부분을 차지할 것이라는 시각에 대해 낙관론적인 입장만 있는 것은 아닙니다. 일각에서는 메타버스 기술이란 원래 있던 기술들에 메타버스라는 용어를 붙인 허구에 불과하다는 회의적인 시각도 있기는 합니다. 그러나 최근에는 페이스북의 마커 저커버그가 사명을 '메타'로 변경하고 기업의 성격을 메타버스 기업으로 바꾸려는 노력을 하고 있으며, 세계 시총 10위권의 글로벌 기업 중 7개 기업이 메타버스 산업에 뛰어들었습니다.

기업 '메타'를 필두로 하여 다른 글로벌 기업들도 산업의 중심을 메타버스로 전환할 것입니다.

그래서 향후 몇 년 이내에는 인터넷 산업과 모바일 산업이 그랬던 것처럼 메타버스 산업이 우리의 생활양식을 바꾸어 놓고 깊숙이 관여하게 될 것입니다. 이것이 우리가 메타버스를 배워야 하는 이유입니다.

지금 메타버스 가상세계는 1960년대 말 달에 최초로 간 우주인이 처했던 상황과 같습니다. 앞으로 어디에 무엇이 있을지, 어떻게 될지 예상하기가 어렵습니다. 극히 몇몇을 제외하고는 지금은 누구나 다 서툴고 낯설 것입니다. 누가 먼저 경제 활동 영토를 선점하느냐가 중요합니다. 우리나라에서 메타버스에서 수익 창출 모델로 가장 널리 알려진 것이 제페토 아이템 크리에이터가 되어 아이템을 제작 판매하는 것입니다. 이에 관하여 자세한 내용은 본 책의 시리즈 《제페토 아이템 크리에이터 쉽게 따라하기(광문각)》의 3장과 4장을 보시면 자세히 알 수 있습니다.

이 책이 독자 여러분들에게 메타버스로 들어가는 아주 밝은 등불 역할이 될 수 있기를 바랍니다. 끝으로 이 책이 양서가 되도록 도와주신 광문각 박정태 회장님과 임직원분들께 감사를 드립니다.

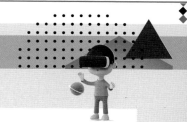

목차

CHAPTER

1

메타버스(Metaverse),
새로운 우주의 탄생

1. 메타버스 이전에 세컨드 라이프(Second Life)가 있었다⋯ 13
2. 모바일 인터넷의 후계자 메타버스 ⋯⋯⋯⋯⋯⋯⋯⋯ 21
3. 글로벌 기업들의 메타버스 경쟁 ⋯⋯⋯⋯⋯⋯⋯⋯ 34

CHAPTER

2

메타버스의 유형

1. 증강현실 세계(Augmented Reality)⋯⋯⋯⋯⋯⋯⋯⋯ 47
2. 가상현실 세계(Virtual Reality) ⋯⋯⋯⋯⋯⋯⋯⋯⋯ 51
3. 라이프로깅(Lifelogging) ⋯⋯⋯⋯⋯⋯⋯⋯⋯ 56
4. 거울세계(Mirror Worlds) ⋯⋯⋯⋯⋯⋯⋯⋯⋯ 58
5. 메타버스의 도착점 ⋯⋯⋯⋯⋯⋯⋯⋯⋯ 61

CHAPTER

3

메타버스는 왜
기회의 땅인가?

1. 메타버스의 성장 동력, 식량 위기와 생존 ······················ 69
2. 코로나19로 날개 단 메타버스 ································· 75
3. 잠재적 소비자 메타버스 원주민 MZ세대 ··················· 80
4. 게이미피케이션(Gamification)과 메타버스 ··············· 84
5. 화성 테라포밍(Terraforming)과 메타버스 ············· 95
6. 현실 경제와 가상 경제의 연결································ 103

CHAPTER

4

메타버스 시장에
참전한 기업들

1. 국민은행·· 115
2. SKT ··· 121
3. 구찌(Gucci), 루이비통(Louisvuitton) ···················· 127

CHAPTER

5

가상세계와 새로운 부의 창출

1. 어스2 ·· 133

2. 디센트럴랜드, 샌드박스 ·· 141

3. 포트나이트 ·· 149

4. NFT ·· 154

5. 네이버 ·· 163

6. 'Pay to Win'에서 'Play to Earn'으로 사고를 바꾸자! ······ 165

CHAPTER

6

메타버스와 함께하는 미래

1. 게임 안으로 출근하는 다음 세대 ······························ 177

2. 메타버스의 그늘 ·· 184

3. 알파 세대의 출현 ··· 188

4. 은둔형 외톨이의 반격 ··· 191

5. 뉴럴링크(Neuralink)로 디지털 지구에 이주할 인류 ······ 197

6. 메타버스에서 살게 될 또 다른 인류, 인공지능 ············· 201

7. 메타버스 시대 정말 도래할까? ·································· 209

8. 영화 속에 등장한 메타버스 세계 ······························· 212

7

2억 명이 선택한 메타버스 플랫폼, 제페토 100% 즐기기

1. 설치 및 가입하기 ……………………………………… 223

2. 나만의 아바타 꾸미기 ………………………………… 226

3. 제페토 체험해 보기 …………………………………… 236

4. 젬과 코인을 모으는 방법 ……………………………… 251

5. 빌드잇으로 맵 만들기 ………………………………… 257

6. 아이템 만들어 수익 창출하기 ………………………… 272

제페토 플랫폼에 관하여 자세한 내용은
《제페토 아이템 크리에이터 쉽게 따라하기(광문각)》를 보시면 자세히 알 수 있습니다.

CHAPTER 1

메타버스(Metaverse),
새로운 우주의 탄생

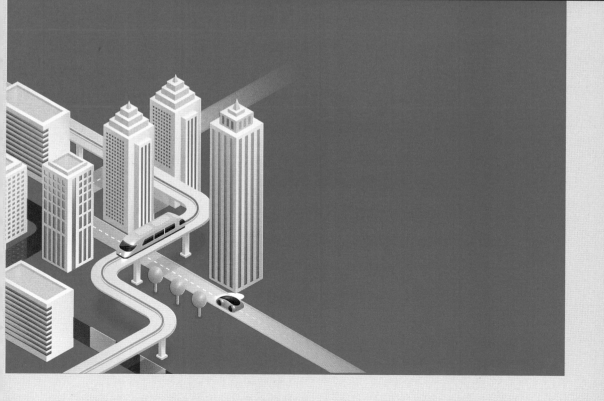

메타버스(Metaverse), 새로운 우주의 탄생

 1 **메타버스 이전에 세컨드 라이프(Second Life)가 있었다.**

코로나19로 언택트(Untact) 사회가 되면서 온라인에서 사람 간에 만날 수 있는 플랫폼이 필요해지면서 '메타버스(Metaverse)'라는 개념이 연일 화두가 되고 있습니다. 불과 1~2년 사이에 각종 언론과 매체를 통해 메타버스 관련 내용들이 연일 보도되어 그 뜻은 잘 모를지라도 근래의 가장 핫한 용어가 되었습니다.

메타버스는 초월을 의미하는 메타(Meta)와 현실 세계를 의미하는 유니버스(Universe)의 합성어로 '확장 가상세계(Virtual World)'라고도 합니다. 일반적으로 가상(Virtuality)과 현실(Reality)이 상호작용하며 다양한 사회, 경제, 문화 활동이 벌어지는 세상을 의미합니다.

그렇다면 메타버스는 새롭게 나온 개념일까요? 또한, 앞으로 펼쳐질 미래일까요? 결론부터 말하자면 그것은 아닙니다. 많은 사람이 잘 눈치채지는 못했지만 우리는 이미 메타버스 속에서 살고 있습니다. 아니, 이미 메타버스에 다녀왔습니다.

네이버 검색어 트랜드에서 지난 일 년간 메타버스 관련 키워드 검색어 추이를 보면 2021년 2월 중순 이후로 핫한 키워드가 된 것을 알 수 있습니다.

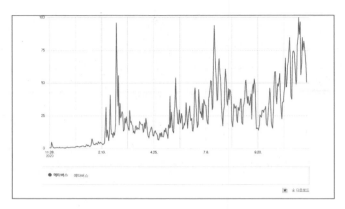

네이버 검색어 트랜드-메타버스 (출처: 네이버)

  하지만 그 이전부터 Z세대(1990년대 중반~2000년대 초반 출생한 세대를 이르는 말)들의 메타버스 서비스 검색량은 이미 높은 수준을 보이고 있었습니다. 이는 메타버스 검색어가 핫한 키워드가 되기 이전부터 이미 Z세대들이 꾸준히 메타버스 서비스를 이용해 왔다는 것을 의미합니다.

  그렇다면 Z세대 이전에도 메타버스 서비스를 이용했을까요?

  린든 랩(Linden Lab)이 개발한 인터넷 기반의 가상세계 세컨드라이프(Second Life)는 2003년에 출시되었습니다. 세컨드라이프는 별도로 현실 세계와 가상세계를 연결해 주는 장비가 없이 무려 100만 명 이상의 이용자들을 디지털 가상세계로 끌어들였습니다. 윈도우뿐만 아니라 리눅스(Linux)나 매킨토시(Macintosh) 사용자들도 부담 없이 즐길 수 있어 접근성이 좋았습니다.

  세컨드라이프는 요즘 한창 열풍인 메타버스의 시제품 같은 게임으로 접속자들은 아바타를 이용해 자신이 하고 싶은 일을 하는 온라인 가상세계였습니다.

세컨드라이프(SecondLife) 게임 (출처: etnews.com)

　린든 랩은 세컨드라이프 운영에 크게 개입하지 않았습니다. 사용자들에게 그래픽을 제작할 수 있는 툴을 제공할 뿐이었습니다. 나머지는 전적으로 사용자에게 맡겨 자신이 하고 싶은 일을 하도록 하였습니다.

　이 게임에 접속하면 사람들은 자신과 비슷하게 생겼거나 다른 분신을 만들어 변신하는 과정을 거치게 됩니다. 용이나 인어 등 사람이 아닌 것으로도 변신한 사람도 있습니다. 여기에서 제공하는 그래픽을 이용해 자신이 원하는 데로 될 수 있었습니다.

　세컨드라이프 안에서 취직도 하고 애인도 사귀며 심지어 결혼까지 하는 사람들도 있었습니다.

　2007년 중반엔 한국어 서비스도 출시되었지만 기대만큼 주목받지 못한 세컨드라이프는 2009년 11월 한국에서 철수하고 맙니다.

　세컨드라이프의 실패 요인은 여러 가지가 있지만 가장 큰 요인은 트위터, 페이스북의 출현입니다. 3D 제품은 대부분 단종되었고, VR(Virtual Reality) 제품도 테마파크나 게임과 같은 일부 분야를 제외하고는 선전하지 못하였습니다. 거기다 구글과 삼성 등은 관련 사업을 접어 사실상 쓴맛을 봤습니다.

우리나라는 세계적인 IT 강국입니다. 주요 포털 사이트로 구글을 메인으로 쓰지 않는 나라는 세계에서 단 세 개 국가뿐입니다. 바로 한국, 중국, 러시아 입니다.

특히 한국은 세계적인 소셜 네트워크 서비스인 페이스북, 트위터보다 한국에서 개발된 앱인 카톡을 주로 이용합니다.

세계적인 하이테크 기업들만 개발한다는 AI 스피커도 한국에는 다양한 제품들이 출시되어 있습니다. 이러한 디지털 기술 강국인 우리나라의 메타버스 역사는 지금보다 한참 전인 2000년대 초반으로 거슬러 올라갑니다.

그 당시에는 동창 모임 커뮤니티인 다모임, 아이러브스쿨이 크게 유행했었습니다. 그리고 프리챌 등 다양한 사람들이 모여 소통할 수 있는 서비스들도 인기를 끌었습니다.

국민 사이트였던 싸이월드도 그때 나왔습니다.

처음에는 비슷한 콘셉트의 서비스들 사이에서 크게 두각을 드러내지 못하였습니다. 그러다가 마이홈피라는 콘셉트가 크게 인기를 끌면서 싸이월드의 독주가 시작됩니다.

여기에는 디지털 카메라가 대중화된 것도 한몫하였습니다. 싸이월드 서비스는 미니홈피에 일상을 공유하고 사진을 올리며 홈피를 꾸밀 수 있는 서비스를 제공하였습니다.

수많은 사람이 서로의 홈피에 방문해 댓글을 남기면서 활발한 소통이 이루어졌습니다. 이는 2006년 미국미래학협회(ASF)가 정의한 메타버스의 개념 중 일상을 기록하는 '라이프로깅(Lifelogging)' 형태에 부합합니다. 또한, 가상세계에서 사회 활동이 이루어지므로 메타버스의 일반적인 정의에도 부합합니다. 요즘 페이스북이나 인스타그램에 올리는 포스팅의 원조가 싸이월드가 아닐까 합니다.

싸이월드는 친밀한 관계를 만드는 일촌 맺기 서비스와 일촌 관계를 통한 파도타기 서비스를 통해 다른 미니홈피로 건너갈 수 있는 서비스를 제공합니다. 이로 인해 싸이월드의 인기는 크게 올라가게 됩니다.

2002년에는 초보적 형태의 가상화폐인 '도토리' 서비스를 도입했습니다. 도토리를 지급하면 아이템과 홈피 배경 음악인 BGM 구매가 가능했습니다. 도토리는 한 개에 실제 화폐인 100원으로 구매할 수 있었습니다.

이용자들의 도토리 구매와 사용으로 인해 싸이월드가 매달 얻는 수익만 무려 1,000억 원에 달할 정도였습니다. 도토리를 다른 친구들에게 선물할 수 있는 기능도 있었습니다. 요즘 카카오톡의 선물하기 기능과 유사합니다. 디지털 가상세계에서 일종의 가상화폐를 이용한 경제 활동이 이루어졌음을 의미합니다.

따라서 싸이월드에서는 메타버스가 되기 위한 조건 중 경제 활동이 이루어졌다고 할 수 있습니다. 도토리와 숍을 중심으로 한 초보적인 경제 활동이 이루어졌기에 싸이월드에는 이미 메타버스의 요소들이 구현되어 있었다고 할 수 있습니다.

그리고 싸이월드 가입자들은 인터넷에 접속해서 서로의 미니홈피를 방문하고 방명록에 글을 남기는 한편, 일촌 파도타기를 통해 새로운 관계를 형성했습니다.

그리고 공통의 관심사를 가진 사람들끼리 클럽을 만들어 다양한 주제로 교류하였습니다.

이처럼 싸이월드에서는 가상세계의 문화 활동이 활발히 이루어졌다고 할 수 있습니다. 이 또한 싸이월드가 가지고 있었던 메타버스적 요소 중 하나입니다.

이런 중에 당시 인기 있던 또 다른 커뮤니티 프리챌(Freechal)은 2002년 유료화를 선언하였습니다.

싸이월드는 정반대의 행보를 보였습니다. '평생 무료'라는 슬로건을 들고 나온 것입니다. 프리챌 가입자들은 싸이월드에 모여들었습니다. 그래서 회원수가 급성장했습니다.

이렇게 유료화에 반발하여 넘어온 프리챌 유저들은 아이러니하게도 싸이월드에서는 도토리를 중심으로 한 유료 서비스를 활발히 이용하였습니다. 이는 당시 싸이월드가 도토리를 이용한 경제 활동이 가능한 메타버스적 성격을 가졌기에 그땐 메타버스의 개념이 없었지만 본능적으로 이에 열광했다는 증거라고 할 수 있습니다.

이후 SK커뮤니케이션즈의 인수 합병이 진행되었고, 2004년에는 회원수가 1,000만 명을 돌파하더니 2007년에는 2,000만 명이 가입해서 국민 절반이 싸이월드에 가입했다는 이야기가 나올 정도였습니다. 2008년에는 무려 3,000만 명이 가입하며 싸이월드는 전성기를 누렸습니다.

2011년 기준으로 총 회원 수가 3,200만 명에 달했을 정도였고, 2009년 기준 일촌 건수는 10억 건에 달했습니다.

그러나 세컨드라이프처럼 페이스북과 트위터가 등장하면서 설 자리가 없어진 싸이월드는 서비스를 종료하게 됩니다. 2019년 서비스 중단 당시 회원수는 1,100만 명까지 감소하였습니다.

전성기를 구가하던 싸이월드가 이렇게 급격히 무너진 이유에는 여러 가지가 있습니다.

첫 번째는 계속 동일한 프레임 속의 UI를 고수했기 때문입니다. 페이스북, 트위터와 같은 소셜 네트워크 서비스가 다양한 앱과 연동되는 서비스를 제공하는 동안 싸이월드는 인터넷 서비스를 고수했습니다. 당시는 PC에서 모바일 인터넷 환경으로 전환되는 시기였는데 이에 적응하지 못하고 도태된 것입니다.

두 번째는 싸이월드가 네이트와 통합 이후 네이트온 사용자 전용 로그인만 지원하였으며 국가별, 언어별로 별도의 플랫폼을 운영하였기 때문입니다. 이는 싸이월드가 메타버스 플랫폼으로 발전하는 데 큰 방해 요소가 되었습니다.

싸이월드가 쇠락하는 동안 페이스북, 트위터, 인스타그램과 같은 글로벌 소셜 네트워크 서비스는 발빠르게 전 세계 사용자들을 연결하고 헤게모니를 장악하여 갔습니다. 싸이월드는 이들보다 한참 앞서 시작했기 때문에 세계적인 소셜 네트워크(Social Network) 서비스로 성장할 기회가 있었고, 어쩌면 메타버스의 선구자가 될 수 있는 기회를 선점했음에도 아쉽게 그 자리를 내주고 말았습니다.

2021년 초반 싸이월드를 싸이월드Z에서 인수하게 되면서 다시 서비스를 재개할 것이라는 기사가 쏟아지기 시작하였습니다. 그리고 2021년 8월 2일자로 싸이월드에 보관되어 있던 도토리와 사진들이 복구되었습니다.

새롭게 태어날 싸이월드는 '진짜' 메타버스가 되어 돌아올 것 같습니다. 싸이월드Z는 기존의 싸이월드 메타 버전과 모바일 버전을 동시에 출시할 예정이라고 합니다.

싸이월드 메타 버전에서는 메타버스 기술을 적용한 증강현실(AR)과 가상현실(VR)을 접목하였습니다.

메타버스 원주민인 MZ세대를 겨냥하고 더욱 발달될 5G, 6G 기술이 접목된 새로운 플랫폼이 될 가능성을 가지게 되었습니다.

새롭게 서비스할 모바일 버전은 싸이월드 캐릭터인 미니미와 홈페이지의 미니룸이 2D와 3D로 구현됩니다.

3D 미니미가 내 아바타가 되어 걸어다니고 실물 경제 활동과 가상 경제 활동이 연결된다고 합니다.

기존의 도토리는 실물 경제와 연결되어 있지 않았습니다. 홈페이지 미니미를 꾸밀 때 사는 아이템, BGM, 글꼴 등을 사려면 현금으로 구매한 도토리로만 결제가 가능했습니다. 그러나 이제는 블록체인(Block Chain) 기술을 이용한 비트코인(Bitcoin)으로도 결제가 가능합니다.

싸이월드가 통합 결제 기업인 다날과 제휴를 맺어서 페이코인(Paycoin)을 결제 수단으로 쓸 수 있게 한 것 때문입니다. 이제 비트코인으로 도토리를 살 수 있게 된 것입니다. 실물 경제와 가상 경제가 연결되어 싸이월드는 진정한 메타버스 플랫폼이 된 것입니다.

싸이월드는 대규모 이용자를 보유하고 있는 제페토, 로블록스(Roblox) 그리고 현재 부상하고 있는 디센트럴랜드(Decentraland), 더샌드박스(The sandbox) 등의 메타버스와 비교해서 여러모로 부족한 부분이 많습니다. 그렇지만 사회, 경제, 문화의 구성 요소로만 보면 메타버스의 선구자라 불러도 부족함이 없습니다.

싸이월드가 MZ세대 사용자가 선택할 새로운 메타버스 플랫폼으로 재탄생 가능성이 있는 이유가 바로 여기에 있습니다.

우리는 이미 메타버스에 다녀왔고, 그 메타버스가 지금 계속 이어지고 있는 것입니다.

2 모바일 인터넷의 후계자 메타버스

메타버스 세계에 접속하기 위해서는 현실 세계와 가상세계를 연결해 주는 다양한 디바이스가 필요합니다. 기술이 발달하면서 점차 성능이 좋은 VR, AR(Augmented Reality) 디바이스(device)들이 활발하게 개발되고 있습니다.

하지만 디지털 가상세계가 원활이 동작하기 위해 더욱 중요한 것이 있습니다. 바로 통신 환경입니다.

영화 〈레디 플레이어 원, Ready Player One〉의 오아시스처럼 많은 사람이 한 공간에 모이기 위해서는 방대한 트래픽(traffic) 양을 감당할 수 있는 데이터 통신 기술 발달이 중요합니다.

영화 〈레디 플레이어〉 원의 한 장면. 주인공 웨이드가 VR 헤드셋을 쓴 채
가상현실(VR) 게임인 '오아시스'에 접속한 모습 (출처: 아이뉴스24)

메타버스 세상을 구현하기 위한 통신 기술의 발달은 어느 순간 갑자기 이루어진 것이 아닙니다.

세상에 텔레비전이 처음 나왔을 때 수신 신호가 끊기는 현상이 있었습니다. 이러한 문제점을 해결하기 위해 미국에서는 1962년 미국에서는 '텔스타(Telstar)'라는 위성을 쏘아 올립니다. 이 최초의 통신위성은 안테나로부터 미국의 야구 경기 신호를 받아 유럽 각국으로 송출해 주었습니다.

최초의 통신위성 텔스타(Telstar) 1호
(출처: 아시아투데이)

1977년에는 세계 최초로 개인용 컴퓨터가 등장합니다.

나중에 아이폰(iPhone)을 만든 애플사에서 개발한 '애플2(Apple2)'라는 이름의 컴퓨터입니다. 개인용 컴퓨터가 나왔지만 이때만 해도 대중에 보급되지 못하다가 1980년대 후반~1990년대 초반에 이르러서야 회사와 가정에서 개인용 컴퓨터를 널리 이용하게 되었습니다.

애플2 컴퓨터 (출처: 넥슨컴퓨터박물관)

1980년에 우리나라 각 가정에 컬러텔레비전이 보급됩니다. 하지만 컬러텔레비전은 이미 1970년대 중반 개발되었습니다. 나라의 경제적 사정이 어려운 시절이라 사치를 조장한다는 이유로 국내에서는 텔레비전을 판매하지 못하게 하였기 때문에 1980년대에 이르러서야 일반인들이 텔레비전을 살 수 있게 된 것입니다.

1982년에는 우리나라에 인터넷이 들어옵니다. 이는 세계 최초로 인터넷을 도입한 미국에 이어 두 번째에 해당합니다. 이때부터 이미 IT 강국으로서 시동을 걸기 시작한 것입니다.

서울대학교와 한국전자기술연구소 사이에 구축한 네트워크 시스템을 시작으로 인터넷이 시작된 이후, 1986년 천리안 서비스가 개통되었습니다. 초기에는 전화선으로도 인터넷 서비스를 이용하기도 했기 때문에 인터넷 사용이 익숙하지 않았던 사람들은 요금 폭탄을 맞고 당황하기도 하였습니다.

사용하는 데이터양을 줄임으로써 전화 요금을 조금이라도 적게 나오게 하려는 노력으로 줄임말들이 나오기도 하였습니다. 가령, '안녕하세요' 대신에 '하이루', '반가워요' 대신에 '방가'를 사용한 것이 대표적이라고 할 수 있습니다. 초등학생과 중학생의 줄임말인 '초딩', '중딩'과 같은 용어도 천리안이 등장하면서 나온 용어들입니다. 이와 관련하여 교육계에서는 한글 파괴 현상이 이슈가 되기도 했었습니다. 수많은 사람이 이 용어들을 활발히 이용하자 일부 용어들은 어학 사전에 등재되기도 했습니다.

현재 국가 간에는 광케이블로, 나라 안에서는 랜선으로 세계가 그물처럼 하나로 연결되어 있습니다.

하늘에는 통신위성이, 바다에는 광케이블을 설치했으니 인간은 가능한 한 모든 공간을 활용하여 서로를 연결하려는 노력을 기울이고 있는 셈입니다.

이처럼 인터넷 기술이 발달하며 가상의 공간 안에 많은 사람이 모이게 됩니다.

엔씨소프트는 1998년 개발한 리니지 게임으로 사람들을 한 곳에 모으는 데 성공하였습니다. 이 게임은 10세기 전후 유럽의 이미지를 딴 가상의 세계 '아덴 왕국'을 배경으로 한 중세 판타지 MMORPG(대규모 다중 사용자 온라인 롤플레잉 게임)입니다.

많은 사람이 게임 안에 모이게 되자 신기한 일이 생깁니다.

2003년에 리니지2가 출시된 이후 일어난 '바츠 해방 전쟁'이라는 사건입니다. 바츠 서버를 장악한 '드래곤나이츠(DK) 혈맹'에 대항하여 일반 플레이어들이 권리를 되찾고자 전쟁을 일으킨 것이었습니다.

리니지 DK혈맹 (출처: 리니지공식홈페이지)

여기서 혈맹이란 중세 유럽의 상인, 장인 등의 조합을 가리키는 길드에서 나온 용어입니다. 리니지 게임의 세계관에서 자신이 속한 혈맹을 제외하고는 모두 다 적인 약육강식의 세계관이기 때문에 혈맹이라는 용어가 나온 것입니다. 내가 당하기 전에 상대방을 제압해야 하는 구조이므로 혈맹 대표인 군주를 왕으로 삼고 그 부하가 되어 조직의 소속감을 높이는 중세 유럽의 군주제가 게임에 적용되어 있는 것입니다.

2004년 DK혈맹은 모든 영지의 세율을 10%에서 15%로 인상합니다. 상점에서 판매된 아이템 수익금 등은 그 영지를 소유한 DK혈맹의 세금이 되었고, 이 때문에 바츠 서버에서 게임을 즐기던 이용자들의 불만이 커지게 되었습니다. 마침내 바츠 서버의 전 플레이어들이 봉기하기 시작하였습니다. 그들은 DK혈맹에 대항한 '붉은 혁명' 혈맹을 결성합니다.

2004년 5월 9일 붉은 혁명 혈맹은 DK혈맹의 기란성을 점령하고 세율을 0%로 낮춥니다. 그러나 곧이어 DK혈맹의 공격으로 기란성은 다시 DK혈맹의 손에 들어가게 됩니다. 이 일을 계기로 바츠 서버 내에서 불만을 가지고 있었던 수많은 플레이어의 민심이 자극되고 중립을 고수하던 중소 혈맹들도 가세하여 '반DK 바츠 연합군'이 결성됩니다.

DK혈맹에 비하여 레벨이 낮았던 이들은 거의 일방적으로 DK혈맹과의 싸움에서 지게 됩니다. 그러나 이런 힘의 불균형은 리니지 플레이어들의 민심을 다시 한번 자극합니다. 홈페이지 게시판에는 독립선언문을 연상시키게 하는 호소문까지 올라오게 됩니다.

이후 다른 서버에서 활동하던 플레이어들도 DK혈맹 타도를 명분으로 초보자 캐릭터로 DK혈맹과 맞서 싸웁니다. 리니지 게임의 규정상 캐릭터의 서버 이전이 허용되지 않음으로 다른 서버에서 활동하던 플레이어들은 바츠 서버에서 신규 캐릭터를 만들어 DK혈맹과 맞서 싸웠던 것입니다. 신규 캐릭터의 장비가 내복을 입은 것과 비슷하다 하여 이들은 '내복단'이라고 불리기도 하였습니다.

바츠 해방 전쟁 당시 내복단의 모습 (출처: 한경 IT · 과학)

결국 붉은 혁명 혈맹이 전쟁에서 이기게 됩니다. 그러나 연합군은 초심을 잃고 분열의 조짐을 보입니다. 다른 혈맹들은 전리품으로 각각 오렌성, 아덴성을 차지했으나 처음부터 분투했던 붉은 혁명 혈맹은 아무런 보상을 받지 못했기 때문입니다.

결국 붉은 혁명 세력과 붉은 혁명 반대 세력 간 분열이 생겼고, 이들의 조직은 와해됩니다. 내부 균열이 생긴 반DK 세력들은 더 이상 DK혈맹의 적수가 되지 못했습니다. 그렇게 바츠 해방 전쟁은 마무리됩니다.

이후 2차 전쟁이 일어납니다. 아이러니하게도 이 전쟁은 초기 DK혈맹에 반대하였던 붉은 혁명 혈맹이 사냥터 통제를 선언하면서 발생한 것입니다.

비록 게임이라는 가상공간 안이지만 많은 사람이 인터넷 공간에 모이자 그 안에서는 현실 세계보다 더 현실 같은 일들이 벌어지고 있었던 것입니다.

인터넷이 발전하는 동안 휴대전화 기술도 대중화되었습니다.

무선으로 음성을 전달하는 기술 발전에 관한 이야기는 1969년 달 탐사 때로 거슬러 올라갑니다. 당시 닐 암스트롱(Neil Alden Armstrong)이 달 표면에 내려 인류의 첫 발자국을 내디디며 다음과 같은 이야기를 했습니다.

"이것은 한 사람에게는 작은 한 걸음에 지나지 않지만, 인류에게 있어서는 위대한 도약입니다." 이 이야기는 텔레비전을 통해 전 세계 5억 명의 사람들에게 생생하게 전달되었습니다. 바로 모토로라(Motorola)가 개발한 무선통신 장치가 달에서 지구까지 음성 신호를 전달한 것입니다.

최초의 휴대전화는 1973년 모토로라사의 마틴 쿠퍼(Martin Cooper) 박사에 의해 개발되었습니다. 이 당시에는 아날로그 방식으로 전화 음성을 전달하였습니다. 아날로그 신호는 전달되는 동안 장애물에 부딪히면 손실이 일어난다는 단점이 있었습니다. 따라서 통화의 끊김 현상도 종종 발생하였습니다.

모토로라 다이나텍8000
(출처: NestDaily)

그 후 휴대전화와 관련된 기술은 여러 발전 단계를 거쳐 오며 2007년 애플에서 아이폰을 공개하고 스마트폰은 모든 IT 기기들의 허브 역할을 맡게 되었습니다.

2007년 처음 출시된 애플의 아이폰2G (출처: 이데일리)

2010년에는 스마트폰이 대중에게 보급되기 시작합니다. 현재는 미국 시장 조사기관인 퓨리서치(Pew Research)가 세계 27개 국가를 대상으로 조사한 결과 스마트폰을 사용하는 비율이 가장 높은 국가는 우리나라로 나타났습니다.

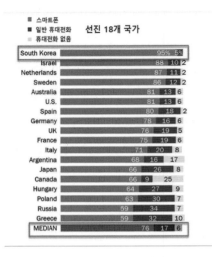

선진 18개 국가 국민의 스마트폰 사용 비율 (출처: kbs 뉴스)

　　이후 세계의 통신 환경은 인터넷에서 모바일 인터넷 환경으로 대전환을 하게 됩니다.

　　모바일 인터넷 기술의 발달 과정을 자세히 알아보겠습니다. 모바일 인터넷 기술과 관련하여 '5G(5th Generation Mobile Telecommunication)'라는 용어가 각종 언론 매체를 통해 자주 언급되고 있습니다. 이제는 IT 기술에 문외한인 사람들도 모두 알 정도로 우리에게 친숙한 용어가 되었습니다.

　　5G는 이동통신 표준을 의미합니다. 여기에서 'G'는 '세대'(Generation)를 의미합니다.

　　1G는 아날로그(analogue) 통신 방식으로 음성 통화 기능만 가능했습니다.

　　1973년 모토로라사가 보유하고 있던 휴대전화 모델의 기반이 되는 원형 기술을 활용해 최초로 다이나택(DynaTAC)이라는 휴대전화를 개발하였습니다. 그로부터 10년 후, 대중들이 사용 가능한 다이나택 8000X가 개발되었습니다.

휴대전화의 크기는 세로 33cm, 무게가 800g이나 되어 별명이 '브릭 폰(Brick Phone)', 우리말로 '벽돌 폰'이라는 별명을 가지고 있었습니다. 당시에는 본체에 LED 디스플레이와 30개의 전화번호를 저장할 수 있는 메모리를 가지고 있어 획기적인 제품이었습니다. 하지만 배터리 성능은 10시간 충전에 30분 통화가 가능한 수준이었습니다. 또한, 최고 전송 속도는 14.4Kbps 정도였습니다. 이는 4GB 정도의 영화 한 편을 다운로드하는데 한 달 정도가 걸리는 속도입니다. 휴대전화 서비스를 시작한 첫해 이용자 수는 약 800명 정도였다고 합니다.

2G는 디지털 통신 방식으로 문자 메시지 서비스를 이용할 수 있게 되었습니다. 이후 나온 3G는 문자 메시지에 더해 화상 통화와 무선 인터넷이 가능해졌고, MP3 기능과 고해상도 카메라가 장착된 스마트폰이 나오게 되었습니다. 4G부터 스마트폰 기반 모바일 인터넷 서비스 이용이 가능해졌습니다.

모바일 인터넷 기술 발달에 맞추어 다양한 앱이 출시됩니다. 스마트폰 이용자들은 애플스토어와 플레이스토어에서 원하는 앱을 자유롭게 다운로드하여 사용할 수 있게 됩니다.

우리나라 국민이 가장 많이 사용하는 앱은 단연 카카오톡일 것입니다. 앱 이름의 '카카오(Kakao)'라는 단어는 모바일 소셜 네트워크 서비스(Social Network Service)에서 소통을 하는 데서 얻는 즐거움과 달콤함을 전달하기 위해 초콜릿의 원료인 'Cacao'에서 유래했다고 합니다.

2018년 기준 국내 모바일 메신저 시장의 점유율이 94%에 이릅니다. 2020년 8월 기준으로 월간 이용자 수는 5,200만 명에 달할 정도입니다.

하지만 카카오톡이 최초의 모바일 메신저는 아니었습니다. 메타가 운영하는 와츠앱(WhatsApp)과 같은 유료 메신저가 이미 나와 있었습니다. 와츠앱은

2016년 전 세계 이용자 수가 16억 명에 달할 정도로 널리 쓰이던 메신저였습니다.

2010년 카카오톡이 출시되었고, 다른 서비스들과 차별화 전략을 들고 나옵니다. 바로 메시지 서비스를 무료로 제공하기 시작한 것입니다. 당시 문자 메시지 서비스들이 모두 유료였기 때문에 사람들은 이에 매력을 느꼈고 점차 카카오톡으로 모이기 시작하였습니다.

초창기 카카오톡은 10만 명 가입자를 목표로 삼았습니다. 하지만 점차적으로 사람들이 모이기 시작했고, 같은 해 300만 명 이상의 사용자들이 모이게 되었습니다.

모바일 인터넷 공간에 많은 사람이 모이기 위해서 방대한 트래픽을 감당할 만한 기술이 필요하다는 것을 느끼게 해준 일이 일어납니다. 2010년 12월 17일 그날 따라 눈이 많이 내렸습니다. 이에 카카오톡 이용자들은 일제히 눈 내린 풍경 사진을 전송하였습니다. 갑자기 늘어난 트래픽 양을 감당하지 못한 서버가 다운되었고, 중국발 해킹이 아니냐는 음모론이 돌기도 하였습니다. 카카오톡 서버팀이 두 시간 동안 사투를 벌인 끝에 카카오톡은 다시 정상 복귀되었고 현재는 모바일 인터넷 환경 개선으로 수천만 명에 달하는 이용자들이 서버 다운의 고민 없이 카카오톡을 이용할 수 있게 되었습니다.

모바일 인터넷 기술 발전으로 이렇게 수많은 사람이 카카오톡이라는 현실 세계가 아닌 한곳에 모이게 되었습니다. 페이스북, 트위터와 같은 SNS 서비스에도 수억 명의 사람들이 한곳에 모이게 되었습니다.

선진국 소셜미디어 사용자

국가	비율
Israel	77%
South Korea	76
Sweden	73
Netherlands	72
Australia	70
U.S.	70
Argentina	68
Canada	68
Spain	68
UK	66
Russia	63
Hungary	62
France	60
Italy	54
Poland	53
Greece	50
Germany	44
Japan	43
MEDIAN	67

PEW RESEARCH CENTER

선진국 소셜 미디어 사용자 비율 (출처: kbs뉴스)

인터넷은 이제 기술이 아니라 공간이 되었습니다. 그 비결은 바로 '연결'에 있습니다. '연결'은 공간을 창조합니다. 컴퓨터 모니터를 켜고 줌(Zoom)을 통해 화상 회의를 하면 나는 다른 사람들과 연결되고, 그렇게 모니터 속의 화면은 공간이 됩니다.

인터넷을 이용해 쇼핑을 하면서 물건을 구경하면 스크린은 시장이나 백화점과 같이 정보를 제공하는 장이 되고 그곳은 공간이 되는 것입니다.

페이스북이나 인스타그램, 싸이월드와 같이 초기 형태의 가상공간에는 사진과 동영상을 올렸습니다. 하지만 이는 실시간 상호작용이 아닙니다. 실시간 대화는 채팅창을 통해 텍스트로만 하는 수준이었습니다. 통신 기술과 그래픽 카드 기술이 발달하면서 인터넷 가상공간은 점점 더 실제 공간과 비슷해지게 되었습니다. 가상공간 속의 아바타를 통해 실시간 대화와 실제처럼 움직이는 것이 가능하게 되었습니다. HMD(Head mounted Display)와 햅틱 슈트(Haptic suit)와 같은 디바이스들을 활용하면 아바타를 통한 것이 아닌 더욱 실재감 있는 가상공간 항해가 가능해질 것입니다.

인터넷 기술은 3단계를 거쳐 발달하고 있습니다. Ver. 1.0은 개인용 컴퓨터 기반의 인터넷입니다. 현재 우리가 가장 많이 쓰고 있는 인터넷입니다. Ver. 2.0은 모바일 인터넷 기술입니다. 초고속, 초연결, 초저지연을 특징으로 하는 5G 기술의 발달로 이제 거의 완숙기에 접어들었습니다. Ver. 3.0은 메타버스 세상입니다. 최근에 마크 저커버그(Mark Elliot Zuckerberg)가 "메타버스는 인터넷의 후계자다."라는 말을 했는데 이와 일맥상통합니다.

Ver. 1.0의 시기는 1990년~2000년대입니다. 이때의 콘텐츠는 우리가 텔레비전을 통해 방송국에서 만들어 주는 프로그램을 일방적으로 시청하는 것과 같은 방식입니다. 인터넷 산업 기업들이 기술력을 앞세운 다양한 콘텐츠를 보유하고, 이용자들은 이를 일방적으로 제공받는 방식입니다.

Ver. 2.0도 비슷합니다. 애플이 아이폰을 출시한 2007년 이후부터 현재까지 이어 오는 시기입니다. Ver. 1.0의 시기와 한 가지 차이점이 있다면, 디바이스가 개인용 컴퓨터에서 스마트폰으로 바뀌었다는 점입니다. 그래서 모바일 인터넷 기술의 시기라고 하는 것입니다. 주로 이용하는 디바이스만 바뀌었을 뿐 전체적인 상황은 Ver. 1.0과 비슷합니다. 어떻게 보면 현재는 Ver. 2.0이 주가 되고 Ver. 1.0을 부수적으로 활용하고 있는 상황이라고 볼 수 있겠습니다.

하지만 Ver. 1.0의 시기는 이제 곧 있으면 끝날지도 모릅니다. 1995년 등장한 마이크로소프트사의 인터넷 익스플로러의 사례를 보면 알 수 있습니다. 익스플로러는 아이콘이 인터넷의 상징이 되었고 윈도우와 함께 마이크로소프트사를 대표하는 대표적인 소프트웨어가 되기도 했었습니다. 그러나 미국의 글로벌 IT 매체 '씨넷(cnet)'의 보도에 따르면 익스플로러가 25년 만에 사라진다고 합니다. 2022년 6월 15일부터 윈도우10의 모든 버전에서 익스플로러에 대한 지원이 중단된다고 합니다.

Ver. 2.0의 모바일 인터넷 시기도 중앙집권적으로 제공하는 콘텐츠를 소비하는 방식에는 변함이 없습니다. 하지만 Ver. 2.0의 완숙기인 현재 각종 플랫폼이 등장하고 이 플랫폼에서 크리에이터(Creator)들의 경제 활동이 나오기 시작했습니다.

인터넷 이용자들이 다양한 콘텐츠를 직접 만들어 내고 이제는 이용자가 생산한 것이 인터넷 사업자가 생산한 콘텐츠의 퀄리티를 앞지르는 상황까지 나오게 됩니다. 가장 대표적인 플랫폼이 유튜브입니다.

이제 인터넷 이용자들은 중앙의 누군가가 생산한 콘텐츠를 일방적으로 이용하는 것이 아니라 다양한 이용자들의 콘텐츠를 이용하고, 나도 콘텐츠 생산자가 되는 탈중앙화 현상이 가속화되고 있습니다.

최근에는 Ver. 2.0과 Ver. 3.0이 혼재된 상황이 펼쳐지고 있습니다. 통신 기술이 발달해서 5G 기술을 능가하는 새로운 기술이 곧 나올 것입니다. 이런 기술적 인프라를 바탕으로 많은 사람이 모여 있는 게임, SNS, 플랫폼 등의 가상 공간 안에서 새로운 사회인 메타버스 세계가 머지않아 펼쳐질 것입니다.

3 글로벌 기업들의 메타버스 경쟁

2021년 10월 29일 페이스북이 사명을 변경하였습니다.

'메타(Meta)'라는 이름으로 변경하였습니다. 바로 '메타버스(Metaverse)'의 '메타(Meta)'입니다. 페이스북의 자회사들을 포괄하기 위해서는 '메타'라는 이름이 적합하다는 의미도 있고, 마크 저커버그가 메타버스 시대에 적극적으로 대응하며 메타버스 시대를 주도하겠다는 의지가 담겨 있습니다.

마크 저커버그가 메타버스 속 자신의 아바타와 대화하는 모습 (출처: 조선비즈)

페이스북은 SNS 시대를 주도했고 이의 대중화에 기여했습니다. 그러나 인스타그램을 인수하며 더욱 성장하는 것처럼 보였던 페이스북은 SNS 기업으로서의 성장 동력을 잃어가는 듯하였습니다. 메타버스 시대에 승부수를 던진 것입니다. 메타버스를 표방한 서비스들이 우후죽순 생겨나고 있습니다. 메타버스 연구자에 따르면 메타버스에 가장 근접한 기업으로 페이스북을 꼽는다고 합니다.

페이스북은 2014년 메타버스 분야에서의 경쟁력 강화를 위해 20억 달러(약 2조 5,000억 원)를 투입하여 가상현실(VR) 하드웨어 제조 기업 오큘러스(Oculus)를 인수하였습니다. 2019년에는 VR 기반 SNS 플랫폼 '호라이즌 (Horizon)' 베타 서비스를 시작했습니다.

호라이즌 워크룸 (출처: https://www.itworld.co.k)

2020년에는 VR 기술을 활용해 구현한 가상 업무 공간인 '인피니트 오피스 (Infinite office)'를 공개하였습니다.

오큘러스 인피니티 오피스 활용 장면 (출처: igotit)

마크 저커버그는 메타버스가 화두가 되기 훨씬 이전부터 VR로 만들어진 3D 환경의 SNS 시대가 올 것이라 예상했을 것입니다. 저커버그가 생각했던 3D 그래픽 환경의 소셜 서비스는 메타버스 세계와 유사한 개념입니다.

따라서 페이스북에서 현재 추진 중인 메타버스 사업 방향은 VR 기술 기반의 3D 소셜 네트워크 서비스라고 할 수 있습니다. 그러나 페이스북이 추진하는 메타버스가 사람들에게 큰 호응을 얻지는 못하고 있습니다. VR 기기를 활용한 서비스보다는 게임을 기반으로 한 메타버스가 더 크게 인기를 끌고 있기 때문입니다. 사람들이 기존의 모바일 인터넷 서비스를 이용할 때 주로 앉아서 이용하거나 또는 편하게 누워서 스마트폰을 조작한다고 했을 때 VR 기기가 아직까지는 거추장스럽기 때문입니다. VR 기기의 가격이 비싼 것도 문제입니다. 2021년 11월 현재 오큘러스 퀘스트(Oculus Quest)는 국내에서 40~60만 원대에 거래되고 있습니다.

한마디로 말해 페이스북에서는 아직 무겁고 비싼 HMD(Head mounted Display)를 쓰고 몰입할 수 있는 VR 플랫폼을 개발하지 못하였습니다.

오큘러스 퀘스트 (출처: ZDNET Korea)

메타버스에서 주목해야 할 또 다른 기업은 바로 마이크로소프트입니다. 메타, 애플이 게임과 소셜 네트워크 서비스를 접목한 전략을 활용했다면 마이크로소프트는 비즈니스를 접목한 전략을 선보였습니다. 일종의 블루오션 전략(Blue ocean strategy)입니다.

MS의 사티아 나델라(Satya Narayana Nadella) CEO는 MS의 3차원 그래픽 솔루션 '메쉬(Mesh)'와 화상회의 솔루션 '팀즈(Teams)'를 합하여 2022년 상반기 메타버스 화상회의 플랫폼을 출시할 예정입니다. 3D 아바타가 회의에 참여함으로써 카메라를 끄지 않고 서로 더 친밀한 느낌을 유지하도록 하려는 전략입니다.

마이크로소프트는 2014년부터 메타버스에 관심을 가져왔습니다. 2014년 9월 모장 기업을 인수하였는데 이는 모장의 대표 게임인 마인크래프트를 마이크로소프트 홀로렌즈(Microsoft HoloLens)에 접목하려는 의도가 담겨 있는 것입니다. 2015년 1월 마이크로소프트에서는 HMD VR 기기 홀로렌즈(HoloLens)를 개발했습니다. 이는 현재까지 출시된 기기 중 증강현실 개념에 가장 근접한 기기입니다. 자신이 현재 위치한 공간을 3차원으로 스캔하고, 별도의 선 연결이 없이 구동이 가능한 기기입니다. 또한, 스마트폰이나 PC와 연결할 필요가 없이 단독 구동이 가능하다는 장점이 있습니다. 홀로 스튜디오 기능을 이용해 작업하면 그 결과물을 3D 프린터로 출력이 가능합니다.

2016년에는 홀로렌즈를 끼고 미식축구를 관람하는 내용을 공개하였습니다. 경기에 참여한 선수들 정보를 실시간으로 보여 주고 현재 공을 잡고 있는 사람이 눈앞에 나타나는 기술을 선보였습니다.

홀로렌즈를 끼고 미식축구를 관람하는 모습 (출처: 이투데이)

2019년에는 홀로렌즈 3세대를 출시했습니다.

마이크로소프트는 컴퓨터와 인터넷 시대에 헤게모니를 쥐고 있다가 모바일 인터넷 시기가 되자 점차 애플과 구글에게 많은 것을 내주게 되었습니다. 이렇게 온라인 관련 사업에 적응한 기업과 그렇지 못한 기업도 있습니다. 온라인 관련 사업에 적응하지 못한 기업이 메타버스 서비스로 전환하는 것이 성공할 수 있을까요?

여기에는 매몰 비용이 중요하게 작용합니다. 매몰 비용이란 이미 투자하여 회수할 수 없는 비용을 말합니다. 현재 기업의 상황에서 메타버스 기업으로 전환하기 위해서는 이전에 얼마나 많은 자산을 가지고 있느냐가 중요하다는 의미입니다. 예를 들어 GM이나 포드 같은 자동차 회사들은 미래 전망이 밝은 전기차나 자율주행 자동차 개발에 바로 뛰어들지 못합니다. 왜냐하면 해당 기업들은 내연기관 자동차를 만드는 생산라인과 파트너 기업들이 있고 나름의 생태계를 가지고 있습니다. 매몰 비용으로 이미 투자한 생산라인이 있고 여러 기업들과 맞물려 있어서 갑자기 사업 파트너들을 무시하고 새로 전기차나 자율주행차 개발에 전력을 다할 수 없기 때문입니다.

기업의 메타버스에 대한 투자도 마찬가지입니다. 아날로그에서 디지털로 전환되는 시기에 아날로그를 주도하지 않았던 기업들은 처음 디지털 산업에 뛰어들 때는 매몰비용이 없는 것입니다. 다른 변수를 고려할 필요 없이 디지털 산업에 전적으로 투자하면 되는 것입니다.

대표적인 사례로 삼성과 소니(Sony)를 들 수 있습니다. 소니는 한때 아날로그 기술의 대가였습니다. 아날로그 모니터에 들어가는 색, 광학 기술 등이 엄청나게 뛰어났고, 영상 기술도 엄청나게 좋았습니다. 물론 이와 관련하여 엄청난 기술과 생산 장비들을 가지고 있었습니다. 하지만 세계 시장이 아날로그에서 디지털로 산업 중심이 이동할 때 그들이 갖고 있는 자산들은 기업이 시장 상황에 맞게 빠르게 전환하는 것을 막는 매몰 비용이 되는 것입니다.

당시 삼성은 아날로그에서 경쟁력이 없었습니다. 따라서 관련 생산설비라든지 협력사 등 가지고 있는 것이 없었던 것입니다. 하지만 이것이 오히려 이점이 되어 디지털 중심 세상이 시작되니 쉽게 디지털 중심 기업으로 빠르게 전환할 수 있었습니다.

세상이 인터넷 중심으로 돌아가기 시작했을 때 매몰 비용이 없었던 기업은 쉽게 인터넷 관련 산업을 시작한 것이고, 스마트폰을 기반으로 한 모바일 인터넷 중심 사회가 시작될 때는 인터넷과 관련한 매몰 비용이 없었던 기업들이 모바일 인터넷 산업 중심으로 쉽게 전환할 수 있었던 것입니다. 산업 시장의 중요한 흐름이 바뀔 때 얼마나 빨리 전환을 하느냐가 성공의 관건입니다.

현재 시총 순위가 높은 대기업들이 메타버스 관련 산업으로 전환이 힘든 것도 이와 같은 맥락에서 이해하면 됩니다. 이제는 메타버스의 시대가 올 것이라는 예상을 모두가 하고 있습니다. 여기에 모든 걸 새로 먼저 만드는 기업이 이제 승자가 되는 것입니다.

이에 비추어 보면 인터넷 Ver. 1.0 시대에 주도적 역할을 했던 마이크로소프트가 인터넷 Ver. 3.0 시대에 발맞추어 전환을 굉장히 잘한 것이라고 볼 수 있습니다. 그다음 메타와 구글 같은 경우는 디지털 시대 삼성이 그랬듯이 메타버스 초기 선점 기업입니다. 인터넷 Ver. 2.0 시대의 말에 주도권을 쥐고 있는 기업들은 매몰 비용이 없어 Ver. 3.0 시대를 맞이하여 전환을 하지 않아도 되었던 것입니다.

또한, 메타는 과거 VR 기업인 오큘러스를 인수하면서 메타버스 산업을 미리 선점하기까지 하였습니다. 앞으로 VR 기술을 기반으로 하드웨어 컴퓨팅이 바뀌게 되면 시장에서 주도적 역할을 하겠다는 것입니다. 예를 들면 백화점에서 메타버스에 상점을 오픈할 수 있습니다. 메타버스 안에서 쇼핑을 하면 바로 물류창고에서 물건을 보내 주면 되기 때문에 실제 건물은 존재의 의미가 없어지는 것입니다. 이것이 매몰 비용이 되는데 포기하느냐 못하느냐의 갈림길이 생기는 것입니다. 혹은 메타버스 내의 백화점과 실제 백화점 두 가지의 장단점을 얼마나 잘 조합해서 경쟁력을 만드느냐가 중요한 것입니다. 각각의 장점을 살리지 못하면 이는 중복 투자가 되기 때문에 기업 입장에서는 손해일 수밖에 없습니다. 애초에 실제 백화점을 가지고 있지 않은 기업들이 쉽게 메타버스 물류 산업에 진출할 수 있는 것입니다.

현재 메타버스가 활발히 진출한 분야는 로블록스와 같은 게임과 제페토와 같은 플랫폼 산업입니다. 메타버스가 이들 분야를 넘어서 더 큰 파급력을 갖기 위해서는 첫 번째로 방대한 양의 데이터를 처리하고, 두 번째로 이 데이터를 실시간으로 송수신해야 합니다. 마지막으로는 가상세계와 현실 세계의 이질감을 최소화해야 합니다.

이를 위해서는 데이터를 처리하는 클라우드 컴퓨팅(Cloud Computing) 기술이 중요합니다. 아마존의 aws, 마이크로소프트의 Azure과 같은 클라우드 서비스의 중요도가 더욱 커질 것입니다. 그래픽 처리를 위한 기술 경쟁도 더 치열해질 전망입니다. 그래픽 기술과 관련하여 최근 큰 호황을 맞게 된 기업은 엔비디아(NVIDIA)입니다.

가상화폐 채굴을 위해 꼭 필요한 그래픽 카드를 생산하는 것으로 유명한 이 기업은 최근 디지털 관련 산업 발달에 힘입어 2021년 11월 동종 업계 중 시총 1위 기업으로 우뚝 서게 되었습니다.

엔비디아는 2020년 12월 메타버스 공간을 만들 수 있는 소프트웨어 플랫폼 옴니버스(Omniverse)를 오픈 베타 버전으로 출시하였습니다. 공유된 가상 환경에 다양한 3D 세계를 연결하는 플랫폼입니다. 다양한 산업군의 전문가들이

엔비디아 GTC(GPU Technology Conference) 행사에서
기조연설을 하고 있는 젠슨 황 엔비디아 CEO의 옴니버스 아바타 (출처: 이코노미스트)

빠르게 업무에 옴니버스를 활용하고 있습니다. 특히 디자인 협업, 실제 건물과 공장의 시뮬레이션인 '디지털 트윈(Digital twin)' 제작 등의 프로젝트에 활용되고 있습니다.

애플 본사와 런던의 30 세인트 메리액스(30 St Mary Axe) 빌딩을 설계한 건축회사인 포스터+파트너스(Foster+Partners)에서는 세계 14개국의 디자이너들이 옴니버스 공유 가상공간에서 함께 건물을 만들고 있습니다.

또한, 옴니버스는 사람과 로봇이 함께 일할 수 있도록 연결하고 협업할 수 있는 환경을 제공합니다. 자동차 생산 기업인 BMW 그룹은 엔비디아 옴니버스를 활용해 디지털 트윈 공장을 설립하였습니다. 옴니버스를 통해 처음부터 끝까지 시뮬레이션이 가능합니다.

옴니버스 지원 공장에서는 공장의 처리량을 시뮬레이션할 수 있습니다. 시뮬레이션 결과는 원격 조작을 위해 로봇에 업 링크하는 공장 직원들의 대시보드가 될 수 있고, 가상 공장을 실행하는 인공지능과 소프트웨어는 실제 공장에서도 동일하게 실행됩니다.

**BMW가 도입한 앤비디아 가상 공장 도구 '옴니버스'를 통해
생산 과정을 시뮬레이션하는 모습** (출처: 글로벌 이코노믹)

게임 물류 엔진으로 유명한 Unity 역시 게임을 넘어 3D 시뮬레이션 영역으로 사업을 영역을 확장하고 있습니다. 5G 기술이 안정화되고 더 나은 통신 환경이 발달하는 인터넷 Ver. 3.0 시대가 오면 누가 더 매력적인 메타버스 플랫폼을 만드느냐를 두고 시장의 경쟁이 벌어질 것입니다. 이 영역을 두고 게임 기업과 전통적인 SNS 기업들이 서로 격돌할 것으로 예상됩니다. 그러면 메타버스 산업에 여러 기업이 적극적으로 뛰어드는 이유에 대해 알아보겠습니다.

첫 번째, 어마어마한 경제적 효과 때문입니다. 메타버스 시장 규모는 4년 후에는 현재의 6배에 달하는 2,800억 달러, 약 315조 원 규모로 커질 것이라는 전망입니다. 또한, 2030년에는 시장 규모가 1,800조 원에 달할 것이라 전망하고 있습니다.

메타버스를 위한 하드웨어 시장도 급격히 성장할 것으로 예상됩니다. PWC(PricewaterhouseCoopers)는 지금 330억 달러 규모인 AR 시장은 2030년 1조 924억 달러로 성장할 것으로, 현재 125억 달러인 VR 시장은 2030년까지 4,505억 달러로 성장할 것으로 예측하였습니다.

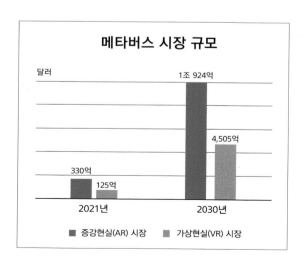

두 번째 이유는 태어날 때부터 스마트폰을 들고 태어났다는 Z세대들에게 메타버스는 친숙한 세상이기 때문입니다. 머지않은 미래에 주 소비층이 될 세대인 Z세대와 그 이후 세대인 알파 세대(α generation)를 잡기 위해서라도 메타버스에 더 투자해야 하는 상황입니다.

수많은 이용자 수를 보유하고 있는 게임 기반 메타버스를 봐도 이를 잘 알 수 있습니다. 포트나이트(3억 5,000만 명), 마인크래프트(1억 1,000만 명), 로블록스(1억 5,000만 명) 등은 고객의 70% 이상이 Z세대라고 합니다. 메타버스 플랫폼인 제페토에는 전 세계 2억 명 이상의 사람들이 접속해 있고, 이 중 80%는 10대 청소년들이라고 합니다. 이들은 다른 세상을 오가면서 재미를 찾고, 친구를 사귀면서 심지어는 경제 활동까지 하는 게 익숙한 세대들이라고 할 수 있습니다.

마지막으로는 메타버스가 PC 기반 인터넷과 모바일 인터넷을 대체할 기술이기 때문입니다. 인터넷이 나온 뒤에 사람들의 삶의 방식이 바뀌었듯, 메타버스도 우리가 사는 방식 전체를 바꿀 수 있다는 것입니다. 메타버스 세계에서 콘서트도 관람하고 팬 사인회에 참여하며 게임 안으로 출근해서 게임을 개발해서 판매하는 사람도 나오는 것을 보면 앞으로 메타버스 관련 산업은 크게 성장할 것입니다.

CHAPTER 2

메타버스의 유형

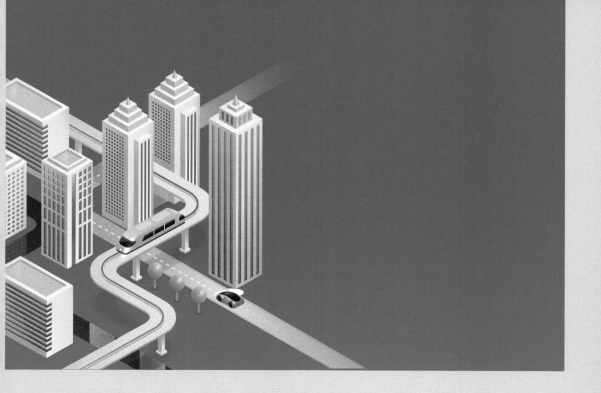

메타버스의 유형

미국의 기술 연구단체 ASF(Acceleration Studies Foundation)는 메타버스를 4가지 세계로 분류하였습니다. 각각 증강현실(Augmented Reality), 가상현실(Virtual Reality), 라이프로깅(Lifelogging), 거울세계(Mirror Worlds)입니다. 이번 장에서는 메타버스의 유형에 대해 알아보도록 하겠습니다.

증강현실 (Augmented Reality)	가상현실 (Virtual Reality)
라이프로깅 (Lifelogging)	거울세계 (Mirror Worlds)

 1 증강현실 세계(Augmented Reality): 현실 세계의 모습에 가상 사물이나 정보가 합성된 세계

'포켓몬 고'라는 게임을 해본 적이나 들어본 적이 있으신가요? 2016년 7월에 출시한 포켓몬스터 시리즈 모바일 애플리케이션 게임인 '포켓몬 고'는 증강현실 (AR)을 이용해서 현실 세계에 나타나는 포켓몬을 잡는 콘셉트 게임입니다.

'포켓몬 고'를 실행하고 야외를 돌아다니다 보면 포켓몬을 만날 수 있습니

다. 포켓몬을 만났을 때 카메라로 해당 지점을 비추면 현실 세계에 등장한 포
켓몬을 만날 수 있습니다.

포켓몬 고 게임. 몬스터볼을 던져서 포켓몬을 잡는다.

(출처: 네이버 지식백과 https://terms.naver.com/entry.naver?docId=3580698&cid=59088&categoryId=59096

증강현실(AR)이란 실제로 존재하는 환경에 가상의 정보나 사물을 합성하
여 마치 실제 환경에 있는 것처럼 보이도록 하는 그래픽 기술입니다. 즉 현실
세계에 3D 가상물을 첨가하여 보여 주는 기술이라고 할 수 있습니다. 증강현
실은 현실 세계와 가상세계를 융합하는 복합형 가상현실입니다.

기존에는 증강현실이 주로 의학, 건축, 방송, 설계 등에 활용되어 왔습니
다. 최근에는 게임 등으로 이용 범위가 확장되고 있습니다. 가상현실은 현실
세계와 연동되지 않지만 증강현실은 현실 세계에 부가적인 정보를 제공하여
심화된 현실 세계를 제공하는 것입니다.

증강현실은 현실 세계에 가상의 정보를 추가하여 이용자에게 새로운 경험
을 제공해 줍니다. 가상현실은 이용자의 몰입도가 높지만 현실과 별개의 가
상세계 안에서 실제로 존재하지 않는 것을 경험하기 때문에 현실감이 떨어
진다는 단점이 있습니다. 반면에 증강현실은 실제 존재하는 현실 세계를 사
물이나 정보를 기반으로 하기 때문에 보다 생생한 경험을 할 수 있고 현실 세

계에 도움이 되는 정보도 얻을 수 있다는 장점이 있습니다. 그리고 증강현실은 HMD 같은 별도의 디바이스가 없어도 되기 때문에 편리하다고 할 수 있습니다.

최근에 증강현실의 의미가 많이 축소되었습니다. 과거에는 현실에 가상의 물체가 있어야 증강현실로 보았지만 요즘은 단순히 정보를 덧붙여 주는 정도여도 증강현실로 보게 되었습니다. 영화 〈아이언맨(Iron Man)〉에서 미사일을 조준하는 장면과 비행경로를 설정하는 장면을 예로 들 수 있습니다. 애니메이션 드래곤볼에 등장하는 전투력을 측정 스카우터(Scouter)도 증강현실의 한 예로 볼 수 있습니다.

기업에서도 증강현실 기술을 활발히 이용하고 있습니다.

첫 번째 사례로 이케아(IKEA)가 있습니다. 이케아코리아에서는 가상으로 가구를 배치해 볼 수 있는 '이케아 플레이스' 앱을 출시하여 소비자들이 구매할 가구를 선택하는 데 돕고 있습니다. 이케아 플레이스에 적용된 증강현실 기술은 실제 가구의 질감, 명암도 표현해 주며 크기, 디자인, 기능까지 적용하여 실물과 98% 이상의 정확도를 보여 줍니다. 또한, 배치한 가구의 모습을 사진 및 영상으로 남겨 제공하고 있습니다.

이케아플레이스 앱을 활용해 가상으로 가구를 배치해 보는 장면 (출처: DATANET)

두 번째로는 아모레퍼시픽의 '아모레 스토어' 앱이 있습니다. 체험형 뷰티 매장 아모레 스토어에 방문해 증강현실 기술을 통해 직접 화장품을 바르지 않고도 잘 어울리는지 확인할 수 있도록 해주고 있습니다.

AR 증강현실 메이크업 체험 서비스 (출처: 문화경제)

마지막으로 스노우 앱이 있습니다. 안경, 리본, 각종 액세서리 등의 가상 물체를 얼굴에 착용하여 사진을 찍을 수 있습니다. 스노우 어플을 실행하고 바닥을 촬영하고 있으면 카메라가 바닥을 인식하여 가상 물체가 화면에 나오는 것을 볼 수 있습니다.

AR 이모지 효과를 적용하여 바닥에 가상의 강아지가 나오게 한 모습,

'이모지'란 이모티콘과 이미지의 합성어를 의미합니다.

체험이 중요하지만 비대면 사회 분위기 확산으로 증강현실 기술 활용이 더욱 늘어날 것입니다.

2 가상현실 세계(Virtual Reality): 컴퓨터로 만들어 놓은 가상의 세계에서 사람이 실제와 같은 체험을 할 수 있는 세계

가상현실이란 가상을 뜻하는 Virtual과 현실을 뜻하는 Reality의 합성어입니다. 가상현실의 기본 개념은 실제와 유사하지만 실제가 아닌 인공 환경을 의미합니다. 넓은 의미에서 마이크로소프트의 플라이트 시뮬 레이터(Flight Simulator) 등의 시뮬레이션, 세컨드 라이프 등의 게임과 같은 시각매체 역시 가상현실에 포함될 수 있습니다. 하지만 일반적으로 가상현실이라 말하면 단순히 가상의 공간을 구현하는 것을 넘어서서 사용자의 오감에 직접적으로 작용하여 실제에 근접한 공간적, 시간적인 체험을 가능케 하는 기술을 의미합니다. 하위 개념으로는 모의 현실이 있는데, 가상현실을 현실에 최대한 가깝게 구현한 시뮬레이션입니다. 가상현실은 현실과 가상의 구별이 가능하지만 모의 현실은 시뮬레이션이 너무나도 사실적이라 구별이 불가능하다는 차이점이 있습니다. 물리학에선 현실을 100% 완벽하게 재현하는 건 불가능하지만 사람을 속일 수 있을 정도의 시뮬레이션은 가능하다고 합니다.

2015년부터 삼성의 기어 VR, 오큘러스 리프트(Oculus Rift), HTC ViVE 등의 소비자용 VR 기기들이 출시되면서 본격적으로 VR 시장이 사람들 앞에 현실로 다가오기 시작하였습니다. 또한, 시대가 지나면서 플레이스테이션 VR,

오큘러스 퀘스트(Oculus Quest)처럼 하드웨어의 성능을 희생하되, 복잡한 센서를 사전에 설치하지 않아도 된다든지 비싼 고성능 PC를 요구하지 않는 제품들도 등장하게 되었습니다.

하지만 VR 게임에는 회의적인 의견이 많습니다. VR HMD 자체 구동이 아닌 별도의 하드웨어 지출을 요구하고 비교적 넓은 공간을 요구하는 점, VR 게임의 연출 문법이 새로울 게 없는 것으로 봐서 결국 놀이동산의 어트랙션(Attraction) 수준으로 머무를 수도 있다는 것입니다. 물론 아직 컨슈머용 VR 시장이 탄생한 지 1~2년밖에 되지 않은 만큼 섣부른 판단은 이르다는 주장도 많습니다.

VR 장비를 착용하고 게임을 하는 모습 (출처: NEWSIS)

하지만 3D TV를 생각해 보면 '아직 섣부른 판단은 이르다'는 말만 반복하다가 결국 시장이 몰락해 버렸습니다. 집에 성능이 좋은 TV가 있는데 굳이 3D 기능 하나 더 보자고 비싼 돈을 주고 살 이유가 없었기 때문입니다.

VR 게임도 마찬가지로 대부분 사람들은 PC, 모바일, 콘솔 게임에 만족하고 있기 때문에 이들이 돈을 기꺼이 더 지급해 가며 VR 장비를 살 이유를 제시하지 못하면 시장의 확대는 요원할 수밖에 없습니다. 새로운 IT 제품이 나왔다고 모든 사람이 열광하는 시대는 갔습니다.

10년 전에 미래에는 모두가 하늘을 나는 자동차를 타고 다닐 거라 했지만 아직까지도 타이어에서 벗어나지 못했듯이 SF 영화 등에서 묘사된 VR 또한 SF적인 상상에 그칠 수도 있다는 이야기입니다.

그러나 3D TV의 사례와 VR 기술은 같은 기준에서 비교하기 어렵습니다. 3D TV는 2D TV 기능과 3D TV 시청 두 가지가 가능하도록 만들어졌으며, TV 시장에서 경쟁자는 3D 기능이 없는 그냥 TV들이었습니다.

3D TV의 경우 고글과 같은 별도의 디바이스를 착용해야 하는 불편함과 3D 기능을 넣느라 화면이 어두워지는 단점이 있었고, 콘텐츠가 다양하지 않아 3D TV는 소비자들에게 매력이 없었습니다. 이렇게 3D TV가 처해 있던 상황이 현재 VR 기기들의 상황과 크게 다르지 않아 보입니다.

따라서 현재 VR 기기의 전망에 대해서는 경쟁자를 컴퓨터나 스마트폰의 모니터로 보거나, VR 기기가 일반 모니터에 부가적인 기능이 추가되었다고 생각하는 경우를 많이 볼 수 있습니다 이는 마치 3D TV와 2D TV의 관계처럼 HMD와 일반 모니터의 관계와 같습니다. 3D TV 산업이 빛을 보지 못했듯이 VR 기기 또한 몰락할 것이라고 예상할 수 있는 것입니다.

그러나 한 가지 간과한 사실이 있습니다. VR 기기는 단순히 일반 모니터의 역할을 대체하는 역할을 하는 것이 아닙니다. 그보다 VR 기기는 컴퓨터 성능을 더욱 높여 주는 역할을 할 것입니다.

VR 기기는 현재 컴퓨터를 활용하여 가상세계를 구현했던 것을 더욱 효과적으로 이루어지게 할 수 있습니다.

게임도 마찬가지입니다. 게임 이용자들이 실제 움직이는 것이 아닌 마우스를 움직임으로써 게임 안의 캐릭터를 조작하는 것에 대해 이상하다고 여기는 사람이 지금은 아마 없을 것입니다.

컴퓨터가 처음 나왔을 때만 해도 대부분의 사람이 모니터와 키보드, 마우스를 자유롭게 다루지 못했고 어색해 하였습니다. 그러나 지금은 능숙하게 다루는 것처럼 언젠가는 VR 기기도 우리에게 익숙해지는 날이 올 것입니다.

현재 VR을 활용했을 때의 장점을 잘 살린 콘텐츠는 바로 운전 게임입니다. 운전 게임은 단순히 핸들과 페달을 조작해 보니 HMD 이용이 번거롭지 않고, 유명한 운전 게임들은 VR 모드를 지원하고 있습니다. 시뮬레이션 성향이 강한 분야에서는 VR 기술이 경쟁력을 갖추고 있다고 할 수 있습니다.

하지만 이는 특수한 사례에 해당합니다. 다른 분야에서는 VR 기술이 이용자들의 몰입감을 향상시켜 주는 것 이외의 장점을 찾기 어렵습니다.

VR 기기를 착용하면 앉았다 일어났다, 걸어다니고 동작을 크게 해야 하는 번거로운 움직임이 많습니다. 우리는 이미 간편하게 키보드나 마우스로 손가락만을 이용해 정확하고 신속한 조작을 손쉽게 할 수 있습니다. 따라서 VR 기기를 착용한 움직임이 다소 거추장스럽게 느껴질 수 있는 것입니다.

또 유명한 게임 대부분은 온라인 게임이기 때문에 접근성을 높이기 위해 게임 그래픽 관련 사양들을 낮추는 일도 많습니다. 여기에 굳이 VR 장비를 착용할 필요가 없을 뿐더러 몰입감을 살리는 콘텐츠라고 하더라도 한두 번 경험하고 나면 흥미를 잃어버리는 경우가 많습니다.

특히나 FPS(First person shooter)나 시뮬레이터 장르에 한하여 VR 콘텐츠 개발이 제한되어 있습니다. 움직임이 많이 요구되는 액션 장르의 게임과 같은 경우 일반 사람의 시각 인지 속도가 능력이 뛰어난 게임 속 캐릭터의 능력을 따라가지 못하기 때문입니다.

현재 VR 게임 시장은 컴퓨터 게임 시장에 비하면 아주 점유율이 낮습니다.

아직은 고가인 VR 기기를 구매하기에는 콘텐츠 퀄리티에 비해 비싼 비용이 들어가기 때문입니다. 또한, PC에 VR 장비를 연결하여 사용할 경우 고사양의 PC를 필요로 하는 점도 이용자들에게는 큰 부담이 되기 때문입니다.

가상현실이라는 새로운 IT 기술과 접목된 메타버스 사업이 크게 발달하고 있는 것은 맞지만, 다른 한편에서는 반대의 목소리가 나오는 이유는 VR 기술에 걸맞은 다양한 콘텐츠를 개발하지 못했기 때문입니다. 따라서 기기에 대한 기술 개발과 더불어 그에 걸맞은 콘텐츠 개발이 뒷받침되어야 할 것입니다.

이와 관련해서 페이스북의 창립자 마크 저커버그는 VR 기기의 부담되는 가격과 고사양의 PC가 요구된다는 두 가지 문제들을 해결하기 위하여 SNS 사업으로 벌어들인 수익을 VR 기기와 사람들을 끌어모을 콘텐츠 개발에 쏟아부으며 VR 기기의 대중화를 위한 노력을 하고 있습니다. 저커버그의 새로운 사업 비전이 바로 가상현실 관련 사업인 것입니다.

그러한 노력의 일환으로 PC 없이 자체 구동 가능한 오큘러스 퀘스트를 399달러에 출시하였으며, 이후 299달러라는 낮은 가격에 오큘러스 퀘스트2를 출시하였습니다.

VR과 관련된 입력 장치는 PC와 다릅니다. 일반적으로 이용자의 움직임을 직접 인식하는 기기들이 사용됩니다.

영화 〈레디플레이어 원〉에서와 같은 완전한 가상현실 구현을 위해서는 입력 장치뿐 아니라 출력 장치에 관한 기술도 고민해 봐야 합니다. 뇌의 전기적 신호를 읽어 내는 수준에서 더 나아가 그러한 뇌파가 어떤 신경 신호를 보내는지를 직접 감지하여 이를 해석할 수 있어야 하고, 뇌와 직접적으로 입출력을 할 수 있는 기술의 개발이 필요합니다.

또한, VR 기기를 이용하는 동안 사용자의 현실 세계에서의 감각 기능을 일

시적으로 중지시키는 기술도 필요합니다. 왜냐하면 가상현실의 정보와만 상호작용을 하는 상태가 되어야만 뇌가 오로지 가상현실의 데이터만을 전달받을 수 있기 때문입니다. 이런 기술을 통해 사용자의 뇌에서 보내는 신호는 가상현실 내에서만 적용되고, 현실 세계의 감각신경에서 전달되는 신호는 사용자의 뇌 신호에 영향을 미치지 않게 할 수 있기 때문입니다.

이와 같이 VR 기술을 완벽하게 구현해 내기 위해서는 고성능 VR 기기의 개발과 뇌과학에 대한 연구가 꾸준히 이루어져야 할 것입니다.

3 라이프로깅(Lifelogging): 개인의 일상이 기록된 가상세계

라이프로깅 메타버스란 일상생활에서 일어나는 모든 순간들을 텍스트나 영상 등의 형태로 기록해 서버에 전송해 다른 사람들과 공유하는 행위를 말합니다.

라이프로깅을 직역하면 '삶의 기록'을 의미합니다. 웹이나 모바일과 같은 스마트 기술을 활용해 개인의 일상을 기록하고 이를 SNS와 같은 사이트 등에 업로드하여 저장하는 것을 말합니다.

사람들이 주로 삶을 기록하는 주제로는 건강, 여가, 취미 등과 같은 것이 있습니다. 이러한 개인 생활 전반을 기록하는 활동으로 대표적인 것이 일기 쓰기가 있습니다. 우리가 일기를 주로 오프라인의 펜과 노트를 이용해 써 왔다면 라이프로깅에서는 이를 디지털화하여 서버에 기록하는 것입니다.

하지만 이는 요즘에 나온 새로운 개념은 아닙니다. 2000년대 후반에 싸이월드에 이미 라이프로깅이 유행했었습니다. 가장 직접적인 것은 '다이어리'

메뉴에 일상을 기록한 것이고, 간접적으로는 게시판에 일상의 사진과 동영상을 업로드해서 이를 다른 사용자들과 공유해 왔습니다.

요즘에는 페이스북, 인스타그램, 카카오톡과 같은 소셜 네트워크 서비스(SNS)에 삶을 기록하고 있습니다.

라이프로깅이 가능하게 해주는 시스템은 크게 세 가지로 구성됩니다. 사람들이 일상생활에서 경험하는 모든 정보들을 기록하는 장치, 기록된 정보를 활용하기 편리하도록 분류하는 장치, 분류한 정보를 저장한 뒤 추후에 필요할 때 검색할 수 있게 해주는 장치로 이루어져 있습니다.

즉 라이프로깅은 인터넷, 클라우드(Cloud), 빅데이터(Big Data) 등과 같은 기술과 밀접한 관련이 있다고 할 수 있습니다.

라이프로깅의 형태로는 앞에서 이야기한 사진, 동영상, 텍스트 등 사용자가 직접 기록한 정보도 있지만 목적에 의해 기록되는 정보들도 있습니다. 이는 특히 의료 분야에서 주로 활용됩니다. 센서를 활용해 사람들의 신체 활동량, 혈당, 수면 시간, 식사 기록 등을 분석해 일정한 패턴을 찾아내고 이를 치료에 활용하는 것입니다. 이를 위해서는 '웨어러블 디바이스(Wearable Device)' 기술 발전이 필요할 것입니다.

또 라이프로깅을 통해 수집된 정보는 인공지능 기술과 결합하여 스마트 기기가 개인이 좋아하는 음식을 바탕으로 저녁 식사 메뉴가 가능한 식당을 추천하거나, 좋아하는 음악을 추천해 주는 등 생활을 편리하게 해줄 것입니다.

4 거울세계(Mirror Worlds): 실제 세계를 가능한 한 사실적으로 옮긴 곳에 정보를 더한 세계

　세계에서 음식 배달 서비스가 가장 발달한 나라는 아마 우리나라일 것입니다. 배달을 원하는 가게에 직접 전화하여 배달 서비스가 이루어졌던 것이 모바일 인터넷 환경의 발달로 스마트폰에 설치된 앱을 몇 번 클릭하면 되는 세상이 되었습니다.

　배달 앱 중 가장 유명한 업체는 우아한 형제들이 운영하는 배달의 민족일 것입니다. 2018년부터는 배달 시장점유율이 50%를 넘겼고, 배달의 민족은 현실 세계의 식당 운영 시스템에도 큰 변화를 가져왔습니다.

　현실 세계에 식당은 있으나 홀에서의 식사 공간을 아예 없애 배달만 전문으로 하는 업체들이 등장하기 시작하였습니다. 심지어는 여러 식당들이 함께 주방을 공유하여 운영비를 줄이기도 하였습니다.

　대표적인 공유 주방으로는 배민키친, 위쿡(Wecook), 고스트키친이 있습니다. 이들은 여러 개의 주방을 만들어 놓고 업체에 주방을 빌려주는 사업을

공유 주방 '위쿡'의 모습 (출처: 시사저널)

시작하였습니다. 현재 공유 주방을 이용하는 업체의 수는 2019년 11월에 비해 72% 이상 증가하였습니다.

배달의 패러다임도 바뀌었습니다. 기존에 배달 음식이 아니라고 생각했었던 커피, 아이스크림과 같은 디저트들을 배달하기 시작한 데 이어 소소한 생활필수품들에서 반찬까지 배달될 수 있는 항목이 크게 늘어나고 있습니다.

거울세계 메타버스란 가상세계 안에 현실 세계에서 존재하는 것들을 거울에 비추듯이 그대로 옮겨 놓은 것을 의미합니다. 배달 앱상에 현실상에 존재하는 식당들에 관한 정보를 옮겨 놓은 것이 대표적인 사례입니다.

거울세계 메타버스에서는 정보의 '확장성'이 중요합니다. 공유 주방을 생각해 보면 배달 앱에는 현실 세계의 정보보다 더욱 많은 정보가 들어가 있다고 볼 수 있습니다. 또한, 배달 앱에서 제공하는 업체와 음식들에 대한 후기, 평점들은 현실 세계에는 존재하지 않는 정보이므로 거울세계 안에 확장된 정보가 들어가 있다고 할 수 있습니다. 거울세계 플랫폼이 제공하는 후기는 사람들의 선택에 큰 영향을 줍니다. 그래서 이런 점을 이용해 일부 업주들은 거짓 후기를 써 주는 업체를 이용하거나 이용자가 쓴 안 좋은 평이 담긴 글을 숨겨서 문제가 되는 경우도 있다고 합니다. 반대로 일부 이용자가 업체를 상대로 사실과 다른 후기를 남겨 업체에 막대한 손해를 주는 경우도 있었습니다.

앞에서 우리는 거울세계가 메타버스로 정의된 이유가 현실 세계의 정보를 그대로 옮겨 놓았고 또한 확장된 정보를 제공하기 때문이라는 것을 알아봤습니다. 거울세계가 메타버스인 또 다른 중요한 요인은 바로 가상세계에서 경제 활동이 일어나고 있다는 점입니다.

사설 배달 앱들은 카테고리별로 제공되는 식당 이름을 유료로 광고해 주고 있습니다. 업체 운영자가 배달 앱에 일정 비용을 지급해야 거울세계 안에 들어갈 수 있기 때문에 업체 운영이 가능하고 이 비용이 결국 음식값에 포함되기 때문에 업체 운영자와 소비자 양측이 메타버스에 돈을 내게 되어 가상세계에서 경제 활동이 일어나는 것입니다.

사람들은 배달 앱을 이용하면 업체를 직접 검색하고 전화를 하며 통화가되지 않으면 기다렸다가 다시 하는 등의 수고를 덜 수 있기 때문에 메타버스에 기꺼이 돈을 지급하는 것입니다.

부동산 사업에서도 거울세계 메타버스 시스템이 활발히 작동하고 있습니다. 대표적인 플랫폼으로 업랜드(Upland)가 있습니다. 업랜드는 구글 지도에등록된 부동산 정보를 바탕으로 현실 세계의 주소와 연결된 가상세계의 부동산을 사고파는 플랫폼입니다. 현실 세계에 존재하는 부동산을 진짜 사고파는것은 아니기 때문에 업랜드상의 부동산 주인과 현실 세계의 부동산 주인은 다릅니다. 그리고 업랜드에서 이루어지는 부동산 거래가 현실 세계의 소유권에영향을 주지 않습니다.

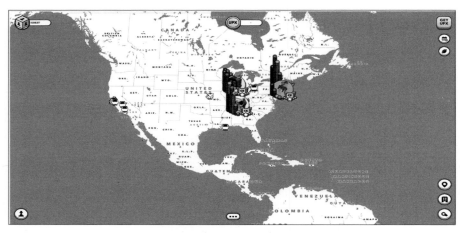

가상 부동산 업랜드 (출처: 업랜드 사이트)

업랜드에서도 메타버스 가상 경제 시스템이 태동하고 있습니다. 업랜드 안에는 UPX라는 화폐가 존재하고 이용자들은 그걸 이용해서 부동산 거래를 하고 있습니다. UPX 화폐와 가상 부동산 소유권 정보는 블록체인 기술이 적용되어 보호된다고 합니다.

업랜드는 2020년 1월 샌프란시스코 지역 부동산 정보를 시작으로 현재 뉴욕 맨해튼의 부동산 정보를 추가로 제공하고 있고, 장기적으로는 업랜드 안에서 사용자가 벌어들인 UPX(uPlexa) 화폐를 현실 세계 화폐와 상호 교환이 가능하게 하는 것을 목표로 하고 있습니다.

이처럼 업랜드는 향후 블록체인 기술이 적용된 가상화폐로 현실 세계와 거울세계의 경제를 연결하는 메타버스 플랫폼으로 재탄생할 것입니다.

5 메타버스의 도착점: 증강현실과 가상현실의 연계로 새로운 세계의 탄생

증강현실 기술이란 현실 세계 위에 컴퓨터로 만든 그래픽이나 영상 정보를 부가적으로 제공해 주는 것을 말합니다. 이와 관련된 기술로 가상현실 기술이 있습니다. 이는 특정한 환경이나 상황을 인위적으로 만들어 그 안에서 인공적으로 시각, 청각, 후각, 촉각 등의 감각 경험을 할 수 있도록 해주는 것을 말합니다.

이 두 가지 기술 연구를 위해 마이크로소프트, 구글, 삼성과 같은 글로벌 대기업들은 50억 달러 이상 투자하고 있습니다.

가상현실 기술의 경우 높은 몰입도에 장점이 있지만 현실 세계가 배제되는 단점이 있습니다. 증강현실의 경우에는 현실감이 있지만 몰입도가 조금 떨어진다는 단점이 있습니다. 그래서 이 두 가지 기술을 결합한 혼합현실(Mixed Reality) 기술이 떠오르고 있습니다.

혼합현실 기술은 현실에 가상의 현실을 비추어 동시에 볼 수 있는 현실 세계와 가상세계가 혼합된 현실을 의미합니다. 예를 들면 디바이스를 이용해 강물을 비추었는데 물고기가 한 곳에 가만히 있으면 증강현실이고 물고기가 강물에 들어갔다 다시 뛰어올랐다 하고 밖으로 물을 튀기며 헤엄을 치면 혼합현실입니다.

혼합현실 기술은 가상현실이 주는 높은 몰입도와 증강현실이 가지는 현실감이라는 장점만을 모아 현실 세계 속에서 가상의 세계를 구현해 내는 것입니다. 그렇다면 혼합현실 기술이 적용된 사례에는 무엇이 있을까요?

마이크로소프트가 개발한 홀로렌즈에 혼합현실 기술이 적용되어 있습니다. 홀로렌즈는 이용자가 머리에 착용하고 눈에 위치한 화면을 통해 혼합현실을 경험할 수 있게 만들어진 기기입니다. 현실 세계의 몸동작과 말로 하는 명령도 활용할 수 있습니다.

미국 매직리프(Magic Leap)라는 업체도 혼합현실 기술 개발에 힘을 쓰고 있습니다. 매직리프는 유튜브에 혼합현실 홍보 영상을 올렸고 사람들은 놀라움을 금치 못했습니다. 실내 체육관에 설치한 프로젝터를 통해 바닥에서 갑자기 물과 고래가 튀어나오는 홀로그램 영상을 제작한 것입니다. 기술의 원리는 단막에 탑재된 프로젝터가 렌즈에 빛을 비추어 망막에 닿는 빛의 영역을 조정하면 사람들은 컴퓨터가 만들어 낸 가상의 물체를 현실 세계의 물체처럼 여기는 것입니다.

매직리프가 혼합현실 기술로 선보인 7D 홀로그램 (출처: Forbes 코리아)

혼합현실은 교육, 제조, 의료 서비스, 건강 등 다양한 분야에 적용이 가능하다는 장점 때문에 HMD나 스마트 글래스 등의 디바이스를 활용한 형태로 빠르게 발전하고 있습니다.

일본의 테오미른(Teomirn) 개발팀은 마이크로소프트의 홀로렌즈를 착용해 피아노를 쉽게 배울 수 있는 앱을 개발했습니다. 테오미른은 기본적으로 두 가지 모드로 전문가를 미러링할 수 있습니다. 실제 피아노와 동기화한 상

테오미른의 혼합현실 기술을 활용하여 피아노 레슨을 받는 모습
[출처: 유튜브(UploadVR)]

태에서 원하는 노래를 선택해 가상현실 속 강사의 손이 연주하는 것을 보는 방법과 실제 건반 위로 나타나는 가상의 건반 위 손의 움직임을 따라 하는 방법이 있습니다. 미래에는 홀로렌즈를 끼고 다양한 기술을 배울 것으로 예상됩니다.

나사의 우주인 교육 프로그램에서는 혼합현실을 적용해 교육을 하고 있습니다. 나사는 실시간 시각화 플랫폼 언리얼 엔진(Unreal Engine)을 통해 실제 국제우주정거장과 똑같은 혼합현실 레플리카(Replica)를 제작해 우주인 교육에 적용하고 있습니다. 또한, 오큘러스 리프트를 이용해 우주 공간에서 로봇을 조작하는 실험도 진행하고 있다고 합니다.

언리얼 엔진을 통해 국제우주정가장과 똑같은 환경에서 훈련하는 우주인 교육 프로그램

[출처: 유튜브(UnrealEngine)]

이렇게 혼합현실 디바이스를 착용한 사람들에게 해야 할 임무나 설명서 등이 표시되게 해 교육에 드는 시간을 절약할 수 있었다고 합니다.

혼합현실 전문 제작 기업인 닷밀은 기업 간 시장 중심이던 혼합현실 사업을 확장해 가상현실과 증강현실은 물론 대형 입체 디스플레이와 홀로그램 등을 결합한 사업들을 추진하고 있습니다. 총 60억 원의 자본을 투자해 국내 최대 규모 야간형 디지털 테마파크 디피랑을 제작하는 한편 홀로그램 기술을 활용하여 신비아파트 미디어 어드벤쳐, 제네시스 GV80 신차 발표회 등을 기획 제작하였습니다.

의료 분야에서도 혼합현실을 활용한 기술 적용에 관한 연구가 활발히 진행되고 있습니다. 미국의 케이브웨스턴리저브대학교의 의학전문대학원에서는 CT나 MRI 촬영을 통해서만 볼 수 있는 보이지 않는 영역을 혼합현실로 구현해 현실 세계에서 자유롭게 확대 축소하고 정보를 결합하는 연구를 활발히 하고 있습니다.

혼합현실 기술은 제조 현장에서도 작업자의 안전을 확보하고 생산 효율성을 극대화하는 데 큰 도움을 주고 있습니다. 장비와 부품의 정보를 미리 시뮬레이션해 보는 것이 가능하기 때문입니다. 그러나 혼합현실 기술을 제조 현장에 본격적으로 적용하기 위해서는 혼합현실 기반 서비스의 안전성에 대한 인증이 우선되어야 합니다.

현실과 가상세계를 이어줘서 진정한 메타버스 서비스를 구현해 줄 혼합현실 기술 연구 개발에 많은 투자를 하여 앞으로 다가올 메타버스 시대를 준비해야겠습니다.

CHAPTER 3

메타버스는
왜 기회의 땅인가?

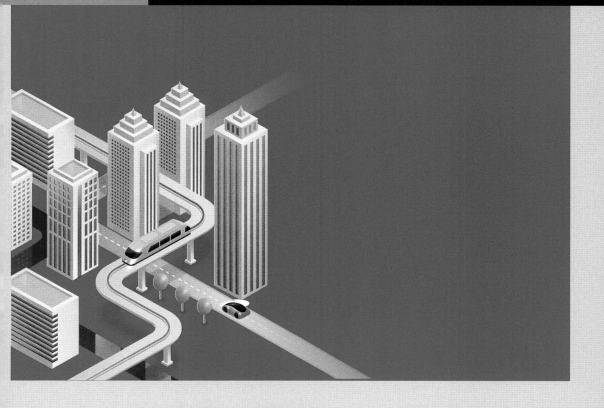

메타버스는
왜 기회의 땅인가?

 1 **메타버스의 성장 동력, 식량 위기와 생존**

　이 세상에 욕구가 없는 인간은 없습니다. 그리고 인간의 욕구는 끝이 없습니다. 당장의 욕구가 충족되어도 얼마 지나지 않아 새로운 욕구를 충족하기 위해 노력합니다.

　이처럼 인류는 욕구 충족을 위해 계속 노력할 수밖에 없기 때문에 그에 따른 스트레스가 생기게 됩니다. 욕구 충족과 더불어 인류는 이러한 스트레스를 풀기 위해 끊임없이 노력을 해왔습니다.

　결국 우리가 새로운 기술을 개발하는 원동력은 인류의 욕구를 보다 쉽게 충족하여 거기에서 받는 스트레스를 줄이고 남은 스트레스를 원활히 해소하려 함이라 할 수 있습니다.

　그렇다면 이러한 욕구의 원천은 어디에 있는 것일까요? 인간이 가지고 있는 원초적인 욕구는 미국의 저명 심리학자였던 아브라함 매슬로우(Abraham Harold Maslow)의 욕구 단계론을 살펴보면 해답을 찾을 수 있을 것입니다.

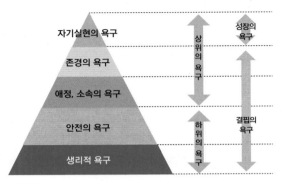

메슬로우의 욕구 위계 (출처: CIO)

이 이론에 의하면 인간의 욕구는 타고난 것이며 욕구를 강도와 중요성에 따라 5단계로 나누어 분류할 수 있습니다. 1단계는 생존의 욕구로 먹고 자는 등 가장 최하위 단계의 욕구매니다. 2단계는 안전의 욕구매니다. 질병, 추위, 외부의 위험으로부터 자신을 보호하고자 하는 욕구매니다. 3단계는 애정과 소속에 대한 욕구로 어느 단체에 소속되어 상호 간에 애정을 주고받고자 하는 것입니다. 4단계는 자기존중의 욕구매니다. 소속된 단체에서 권력이나 명예를 얻고자 하는 욕구매니다. 마지막 5단계는 자아실현의 욕구매니다. 자신의 능력과 잠재력을 발휘해 이루고자 하는 것을 성취하고자 하는 최고 단계의 욕구매니다.

이처럼 인간의 욕구 중 1단계인 생존의 욕구가 가장 충족 의지가 강력한 욕구라고 할 수 있습니다. 인류는 생존의 욕구가 충족되어야 그다음 단계의 욕구들을 하나씩 충족시키고자 노력할 수 있습니다.

인류에게 가장 강력한 생존의 욕구를 충족시키려면 가장 먼저 의식주 문제가 해결되어야 합니다. 만약 의식주가 해결되지 않는 상황이 지속된다면 이를 해결하기 위해 인간은 필사적으로 노력할 것입니다.

대표적인 메타버스 플랫폼 제페토에 구찌빌라가 들어오고 아이템으로 루이비통, 버버리 브랜드가 4,000원이라는 가격에 판매되는 것을 보면 현실 세계에서 사람들의 의생활에 대한 욕구가 원활히 충족되지 않고 있다는 것을 알 수 있습니다.

이는 크게 두 가지 관점에서 생각해 볼 수 있습니다.

첫 번째는 현실 세계에서 경제적인 상황으로 인해 원하는 브랜드와 디자인의 의복류를 구매하기 어려운 소비자들이 자발적으로 가상세계에 참여하여 아바타에게 명품 아이템을 착용시켜서 대리만족을 하는 것입니다. 사람들은 아바타와 자신을 동일시하며 불완전하게나마 욕구를 충족하고 있는 것입니다.

두 번째는 사람들이 의생활 충족 욕구와는 무관하게 가상세계 경제 시스템 매력을 느껴 참여하고 있다는 점입니다. 현실경제에서는 원하는 만큼의 부를 얻기 어려운 사람들이 아직은 기회의 땅인 메타버스로 모여들고 있는 것입니다.

식생활에 대한 욕구도 잘 충족되고 있지 못합니다. 식생활 욕구 충족 문제는 개인적이라기보다는 전 지구적인 관점에서 바라볼 필요가 있습니다. 이와 관련해 생각해 볼 두 가지가 이슈가 있습니다. 바로 '기후 위기'와 '식량난'입니다. 요즘은 마음만 먹으면 원하는 식품을 손쉽게 구할 수 있는 세상입니다. 따라서 우리는 일반적으로 필요한 식품들은 돈만 주면 사올 수 있다는 생각을 하고 있습니다. 그러나 사실은 그렇지 못합니다.

현재 우리나라의 쌀 자급률은 거의 100%에 육박하며 소비보다 생산량이 더 많은 상황입니다. 그러나 곡물 자급률은 30.2% 정도이고, 식량 자급률은 47% 밖에 되지 않습니다. 곡물 자급률이 낮은 이유로는 국내 생산 비중이 낮은 사료용 곡물을 포함시켰기 때문이지만, 그렇다 치더라도 식량 자급률은 매우 낮은 편입니다. 또한, 밀과 옥수수는 각각 0.8%, 1.1%만 자급될 뿐입니다.

　세계적으로 식량 자급률 100%인 나라는 호주, 프랑스, 아르헨티나, 브라질, 미국, 캐나다, 터키, 독일, 우크라이나, 영국 등으로 그리 많지 않습니다. 2007년에는 국제 곡물 가격이 전 세계적으로 폭등했던 애그플레이션(agflation) 사태가 발생하면서 인도네시아, 이집트, 멕시코 등은 식량 부족으로 폭동이 발생하는 국가적 위기 사태를 겪기도 하였습니다.

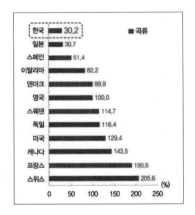

OECE 국가의 곡물 자급률 (출처: 농림축산식품부)

　1996년 유엔식량농업기구(FAO)가 주관한 세계식량정상회담(World Food Summit)에서는 식량 안보를 '모든 국민이 언제든지 안전하고 충분한 양의 식품에 접근 가능한 상태가 식량 안보가 존재하는 상태'라고 정의한 것만 보더라도 기술이 발전한 현재에도 식량 위기는 언제 올지 모르는 상황이라는 것을 알 수 있습니다.

식량 전쟁이라는 개념도 등장하였습니다. 현재 식량 자급률이 높은 나라에서 자급률이 낮은 나라에 식량을 수출하고 있는데 식량 수출국이 수출을 끊는다면 식량 수입국에서는 식량 안보에 위기를 겪기 때문에 '식량 자원의 무기화'라는 말이 나올 정도로 식량 위기를 걱정하는 사람도 많은 상황입니다.

최근 일어나는 기후 변화도 문제입니다. 이상 기후와 해수면 상승이 심각한 문제가 되면서 기후 변화를 '기후 위기'로 명명하자는 주장이 고조되고 있습니다. 세계식량기구에 따르면 2050년에 세계 인구가 90억 명까지 증가하게 되고 이와 같은 인구를 부양하기 위해서는 식량 생산량이 지금보다 60% 이상 늘어야 한다고 예측하고 있습니다. 그러나 수없이 많은 개간 사업으로 지구상에는 더 이상 새롭게 농경지로 만들 땅이 이제 거의 남아 있지 않게 되었습니다. 기온 상승이 지속되면 이상 기후로 인해 홍수, 폭염 등의 자연재해가 발생하고 원래 재배했던 식량 자원들을 더 이상 생산하기 어려워져 만성적인 식량난을 겪을 우려가 생기는 것입니다.

10여 년 전에는 러시아에서 대가뭄 발생으로 밀가루 수출이 중단된 적이 있습니다. 이때 가장 큰 피해를 본 나라는 시리아인데, 시리아는 극심한 식량난에 시달리며 대규모 난민이 발생하기도 하였습니다. 결국 만족스럽지 않은 식생활에 대한 욕구를 충족시키기 위해서 개인적으로 할 수 있는 일이란 거의 없습니다. 그러나 연일 매스컴에서는 기후 위기와 식량난에 관한 내용들이 보도되고 있어 사람들의 불안감이 커지고, 이를 독자적으로 해결할 능력이 안 되는 사람들은 개인적인 식생활 욕구를 충족시키기 위한 활동을 시작하게 될 것입니다.

그것은 바로 경제적으로 더욱 여유가 생기는 일일 것입니다. 메타버스 세계에서는 블록체인 기술을 바탕으로 한 가상 경제 체제가 작동하기 시작하였습니다. 제페토에서 아이템 크리에이터로 큰 수익을 거두고 있는 렌지 씨의 사례부터 로블록스 스튜디오를 이용해 게임을 개발하여 성공한 사례까지 경제적인 어려움으로 '식'에 대한 욕구가 채워지지 않은 사람들을 메타버스 세계 속으로 불러들일 유인가로서 충분한 것들입니다.

사람들은 주생활에 대한 욕구도 제대로 충족하기가 어렵습니다.

우리나라 예를 보면 이해가 쉽습니다. 자고 일어났는데 부자가 되었다는 이야기가 있습니다. 짧은 기간에 가지고 있던 건물의 가격이 폭등한 일을 일컫는 말입니다.

이는 우리나라에만 국한된 현상은 아닙니다. 전 세계적으로 부동산 과열 현상이 심합니다. 부동산 컨설팅 업체 나이트 프랭크(Knight Frank)에 의하면 전 세계 55개 나라의 평균 집값 상승률은 2020년 7월에서 2021년 6월까지 일년간 9.2%에 달한다고 하였습니다. 게다가 세 나라 중 한 나라는 두 자릿수 상승률을 기록했고 미국, 호주, 뉴질랜드, 터키, 캐나다는 집값 상승률이 16% 이상이 되었습니다. 집값 상승률은 선진국이 개발도상국에 비해 평균 두 배가 넘는 수치를 보이고 있습니다.

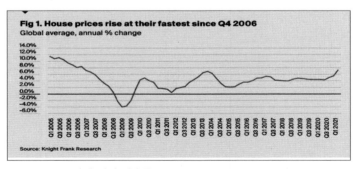

세계 집값 상승률 (출처: knight Frank Research)

이제 현실 세계의 부동산 시장은 점점 기득권층의 전유물이 되어가고 있고 사회생활을 시작하려 하거나 시작한 지 얼마 안 된 MZ세대나 현재 부동산을 소유하고 있지 않은 사람들은 부동산 시장에 참여하기가 어려워지게 되었습니다. 그런데 마침 디센트럴랜드와 어스2와 같은 가상 부동산 거래가 가능한 메타버스 플랫폼이 등장하였고, 대중에 많이 알려지지는 않았지만 초창기에 여기 뛰어든 사람들은 무려 3,000% 이상의 수익을 거둔 사람도 나타나게 되었습니다.

현실 세계의 부동산 시장 참여가 어려웠던 사람들에게 실제와는 비교도 되지 않는 저렴한 투자 비용에 높은 수익률을 기대할 수 있는 가상 부동산 시장은 사람들의 욕구를 충족하기에 좋은 수단이라고 할 수 있습니다. 이 때문에 사람들은 메타버스에 모여드는 것입니다. 결국 4차 산업혁명에 걸쳐 등장한 메타버스 가상세계가 사람들의 가장 기본적인 욕구인 의식주를 충족시켜 줄 핫 플레이스로 떠오르고 있는 것입니다.

매슬로우의 1단계 욕구뿐 아니라 더 상위의 욕구 충족도 빠르고 쉽게 할 수 있는 가상현실 세계인 메타버스에 참여하는 사람들이 지속적으로 늘어날 것입니다.

2 코로나19로 날개 단 메타버스

요즘 백일이나 돌 사진을 찍으러 전문 스튜디오에 가면 업체 관계자들이 이런 말을 한다고 합니다. 기존에도 아기들은 사진 스튜디오 같은 낯선 곳에 오면 잘 적응하지 못해서 사진을 찍기 어려운 경우가 있었기는 하지만, 코로나

19가 확산된 이후로 스튜디오에 적응하지 못해 원하는 사진 촬영에 실패하고 집에 돌아간 아기들이 많아졌다고 합니다. 그래서 만약 아기가 잘 적응하지 못하면 사진을 찍지 못할 각오를 하고 와야 한다고 합니다. 이는 코로나19로 비대면 사회로 전환되면서 아기들이 다른 사람들을 접할 기회가 이전보다 많이 줄어들었음을 알려주는 증거라고 할 수 있습니다.

이처럼 코로나19가 확산되면서 우리의 일상에 정말 많은 변화가 나타나고 있습니다. 대표적인 것이 바로 온택트(On-line+Contact), 언택트(Un+Contact) 라이프 스타일로의 전환입니다. 언택트 문화가 어떻게 확산되고 있는지 자세히 살펴보도록 하겠습니다.

2019년 말부터 코로나19가 확산하면서 접촉은 피하면서 소비는 이어가는 언택트 소비 문화가 확산하고 있습니다. 여기서 언택트라는 말은 컨택트라는 말의 반대말로 접촉하지 않고 떨어져 있다는 의미입니다.

펜데믹(Pandemic) 이전에 이 용어가 처음 나왔을 때는 '무인화'라는 의미로 많이 쓰였습니다. 무인 키오스크나 패스트푸드점에 설치된 무인 주문 시스템에 많이 쓰였습니다.

최근에는 많은 사람이 집에만 있게 되면서 언택트의 의미가 확장되었습니다. 인터넷 쇼핑, 택배 배달, 재택근무, 온라인 학습과 같이 직접 만나지 않는 문화를 통틀어서 언택트 문화라고 부르게 되었습니다. 최근 이렇게 언택트 문화가 다시 확산하는 데에는 코로나19의 영향이 있는 것 같습니다. 코로나19로 인해 어쩔 수 없이 집안에서 주로 생활을 하면서 언택트 문화들을 소비하는 사람들이 많이 늘어났습니다. 사실 용어의 의미 변한 것이지 이런 문화는 이미 우리가 모두 하고 있었던 것들입니다. 모바일을 이용해 배달 서비스를 이용하고, 온라인으로 쇼핑을 하거나 집에서 원격으로 강의를 듣는 것과 같은 언택트 문화는 기존에도 있었습니다.

　최근 위드 코로나 국면으로 전환되며 많은 기업이 다시 원래의 근무 형태로 바뀌고, 학교는 방침에 따라 가변적이지만 전교생 수 900명 이하 학교에서는 전면 등교가 이루어지고 있다고 합니다. 그러나 약 2년여 기간 동안 우리나라의 기업과 교육기관의 상당수가 원격수업과 재택근무를 활발히 하였습니다. 대학교 같은 경우, 등교 연기로 적게는 1~2주, 길게는 4주 정도 혹은 한 학기 동안 온라인 수업을 하기도 하였습니다.

　무크(mook)와 같은 강의 플랫폼이나 사이버 대학교 등에서 온라인 강의는 원래 있었던 것이지만, 원래 강의실에서 듣던 강의를 어쩔 수 없이 인터넷으로 들어야 했던 경우는 없었습니다.

　코로나19 감염에 대한 불안감으로 사람들과 만나는 것을 피하게 되었고, 이런 불안감에서 직접 만나지 않은 상태에서 하는 활동을 모두 언택트 문화로 부르게 되었다고 볼 수 있습니다.

　언택트 문화의 확산으로 오프라인 매장에서의 거래 규모가 줄어들었고, 반대로 온라인 시장 매출은 크게 늘었습니다. 저녁에 주문해도 다음 날 새벽이면 배송이 되는 오프라인 매장을 이용하는 것보다 더욱 빠르게 물건을 받아볼 수 있는 상황이 된 것입니다. 물론 온라인 시장 이용량이 늘어난 것이 전부 코로나19 확산 때문만은 아닙니다. 4차 산업혁명으로 인한 기술 발전과 5G와 같은 기술 개발로 온라인 시장 이용에 필요한 인프라가 발달한 것도 한몫하였습니다.

　요즘에는 이러한 온라인 시장에 접근할 수 있는 경로도 바뀌었습니다. 과거에는 PC를 이용해 온라인 쇼핑을 했지만 이제 모바일 인터넷 환경으로 바뀌면서 스마트폰을 활용하는 게 일반적인 방법이 되었습니다. 보통 나이가 지

굿한 세대들은 스마트폰 사용이 익숙하지 않습니다. 코로나19 확산 이전에는 공공기관 같은 곳에서 스마트폰 이용 방법을 배울 기회가 많이 있었는데 코로나19가 확산하면서 배울 기회가 줄어들거나 없어지게 되었습니다.

마스크 대란이 일어났을 때만 해도 스마트폰 사용이 익숙한 사람들은 온라인으로 어떻게 해서라도 구매를 했지만 이를 이용하기 어려운 사람들은 마스크 구매가 쉬운 일이 아니었습니다. 그래서 누군가는 SNS나 다양한 커뮤니티 등에서 손쉽게 마스크를 구매한다면 또 다른 한편에서는 공적 마스크 판매점에서 오랫동안 긴 줄을 서서 마스크를 구매하는 상황이 펼쳐졌습니다.

이는 정보 격차에서 비롯된 것입니다. 고령층의 경우 정보 기기를 활용하여 다양한 정보를 얻는 게 어렵고 확진자의 이동 동선 파악 등 안전과 관련된 정보도 쉽게 얻을 수가 없습니다.

코로나19가 확산하기 이전에도 정보 격차로 인한 불평등 문제가 제기되었는데 도래하고 있는 메타버스 시대에는 정보 격차로 인해 얻는 불이익이 더욱 커질 것이기 때문에 이에 대한 대책 마련도 필요합니다.

재택근무와 원격수업에 대한 사람들의 반응은 제각각입니다. 반기는 입장도 있고 그렇지 않은 입장도 있습니다. 언택트 문화를 반기는 사람들은 출퇴근 시간이 따로 들지 않아 시간을 효율적으로 활용할 수 있고 업무 외의 형식적인 인간관계에서 벗어날 수 있어서 좋은 점이 있다고 이야기합니다. 이를 싫어하는 사람들은 재택근무를 하게 되면서 일하는 시간과 퇴근 시간의 구분이 모호해지고 학령기 자녀들을 둔 사람들은 집에서 원격수업을 하는 아이들을 돌보고 한 공간에서 함께 지내면서 일도 병행해야 하는 어려움을 토로하고 있습니다.

코로나19의 확산으로 날개를 단 언택트 문화는 이제 세계적인 추세입니다.

코로나19가 종식되어도 이 같은 추세가 이어질 것으로 내다보는 입장을 가진 사람들도 점점 늘어나고 있습니다. 심지어 외국에 있는 어떤 회사는 실제 회사 건물이 없고 직원 모두가 상시 원격 근무를 하고 있기도 합니다. 몇 가지 단점이 있음에도 불구하고 앞으로는 이런 근무 형태가 확산될 것입니다. 먼저 기업의 입장에서는 회사 건물을 소유함으로써 나가는 유지 비용을 줄일 수 있다는 이점이 있습니다. 그리고 일하는 곳에 대한 물리적 개념이 파괴되어 여러 국적의 인재들이 같은 기업에서 서로 협업할 수 있는 기회가 늘어날 것이라고 예상됩니다.

현재 회사의 신입사원 채용 설명회, 졸업식, 입학식, 연수 심지어는 콘서트까지 기존에 사람들이 모여서 했던 행사들 대다수가 메타버스 플랫폼 내에서 시도되고 있고 많은 실적에서 성공적인 결과를 내고 있습니다.

과거에는 오프라인으로 행사를 진행하고 이를 온라인으로 중계하는 형태가 주를 이루었다면 앞으로는 오프라인 행사 진행 없이 온라인만으로 행사를 진행하는 것이 일반적인 형태가 될 것입니다. 현재도 포트나이트에서 트래비스 스캇이 온라인 콘서트를 연다든지, 블랙핑크가 제페토 내에서 가상세계 팬 사인회를 개최하는 등 온라인 행사가 활발히 진행되고 있습니다.

요즘 메타버스에 대한 회의적인 시각도 있습니다. 컴퓨팅 개발자들에게 메타버스는 개발할 수 있는 영역을 넓혀주는 데 의의가 있지만 일반인들에게 아직 메타버스 기술이 와 닿지는 않는 상황입니다. 현재 개발된 HMD 디바이스 장치들은 거추장스럽고 메타버스 플랫폼들도 아직 미성숙 단계이기 때문입니다. 그래서 코로나19가 메타버스에 날개를 달아 우리에게 몇 년 일찍 다가온 게 아닌가 하는 입장도 있습니다. 만약 코로나19가 오지 않았더라면 기술적으로 좀 더 성숙한 상태로 메타버스가 우리들에게 올 수 있지 않았을까 하는 아쉬움도 남습니다.

하지만 코로나19가 확산시킨 언택트 문화, 그것이 기술 개발을 더욱 앞당기고 메타버스로 접속의 시대를 한층 더 가속화시킬 것입니다.

3 잠재적 소비자 메타버스 원주민 MZ세대

요즘 메타버스 플랫폼에 대한 검색량이 늘면서 주 이용층인 MZ세대라는 용어가 자주 거론되고 있습니다. MZ세대란 1980년~2000년대 초에 출생한 밀레니얼 세대를 이르는 'M' 세대와 1990년대 중반~2000년대 초반 출생한 'Z'세대를 통칭하는 말입니다. 이들은 디지털 환경에 매우 익숙하고 트렌드에 민감하며 타인과 다른 경험을 추구하는 특징을 보입니다.

MZ세대 앞에 베이비부머 세대(1955~1963년생), X세대, Y세대 혹은 N세대가 있었습니다. 이들은 우리나라 경제가 급속도로 발전하는 시기에 태어나고 자라고 일하며 비교적 순조롭게 부를 축적한 사람들이 많았습니다. 그러나 뒤에 출현한 Z세대들은 그렇지 못합니다. 현재 많은 수의 Z세대들은 취업하지 못하고 아르바이트를 하고 있으며 어느 때보다 높은 실업률을 체감하고 있습니다. OECD 국가들의 MZ세대 앞 세대들과 Z세대들 사이의 실업률에는 큰 차이가 있습니다. 대부분 MZ세대들은 기성세대에 비해 높은 실업률을 보이고 있습니다.

부머 세대, X세대, M(밀레니얼) 세대를 모두 합해도 4% 정도인데 비해 Z세대는 10%로 많은 차이가 나고 있습니다. 또한, G7 국가를 대상으로 봤을 때도 MZ세대가 노동에 참여하는 비중이 팬데믹이 닥쳤던 2020년도에 큰 포인트로

낮아진 것을 알 수가 있습니다. 코로나19로 인해 전 세대에 걸쳐 실업률이 높아지고 있지만 그중 Z세대가 가장 크게 영향을 입었다고 할 수 있습니다. 이런 현상으로 MZ세대 약 800명을 대상으로 한 영국 파이낸셜타임스의 설문조사를 보면 MZ세대는 고용과 관계에 대한 걱정이 큰 비중을 차지합니다.

우리나라만 놓고 봐도 좋아질 것 같지는 않습니다. 매출액 500대 기업의 신규 채용 현황을 보더라도 채용 계획이 정해지지 않은 기업이 2020년도에는 40%에서 2021년도에는 60%로 증가하였습니다.

이 같은 상황 속에서 낙하산 인사, 특권층의 채용 비리에 관한 뉴스는 MZ세대들의 좌절감이 더욱 크게 합니다. 세상에 '공정한 경쟁은 과연 존재하는가?'와 노력의 가치에 대해 끊임없이 의문을 가지는 젊은이들이 늘어나고 있습니다.

썸트렌드(Sometrend) 분석에 의하면, 2021년 10월 23일~2021년 11월 22일 기간 중 인터넷 포털 사이트 등에 공정이 언급된 횟수는 2020년 10월 23일~11월 22일 기간보다 26.07% 증가한 것으로 나타났습니다.

썸트렌드의 2020년 10월 23일~2021년 11월 22일 기간 중 '공정'이 언급된 횟수 분석

(출처: 썸트랜드)

사회가 불공정하다는 인식은 설문 결과를 통해서도 나타납니다.

국민권익위원회는 일반 국민 1,400명, 기업인 700명, 전문가 630명, 외국인 400명, 공무원 1,400명 등 5개 집단 4,530명을 대상으로 2020년 6월과 10월, 11월에 설문조사를 진행하였습니다. 사회 전반에 대한 부패 수준을 물은 결과 부패하다는 답변은 일반 국민의 48.4%로 국민의 절반이, 기업인 36.4%, 전문가 32.2% 등으로 사회가 불공정하다는 의식이 만연해 있었습니다.

사람들은 취업, 승진, 소득, 대학입시의 모든 분야에서 불공정하다고 인식하고 있으며 우리나라에서 성공한 사람들의 성공 요인으로 타고난 재능이나 노력보다 부모님의 배경과 인맥이 아주 중요하다고 생각하는 사회가 되었습니다. 갈수록 치솟는 부동산과 거대 자본금에는 대적할 수 없는 일반 사람들은 노동의 가치에 의문을 품게 되었습니다.

부동산 가격이 지난 10년간 90% 가까이 상승하였는데 평균 임금은 고작 2% 정도 상승한 부머 세대, X세대들의 자녀인 MZ세대들은 그 옆에서 박탈감과 경제적인 불안감을 함께 느끼게 됩니다. 그로 인해 MZ세대들은 더는 노동으로 부를 축적하는 것은 불가능하다고 생각하게 되었습니다. 이것이 요즘 MZ세대들이 주식과 가상화폐 투자에 적극적으로 뛰어드는 가장 큰 이유이기도 합니다.

유튜브와 같은 1인 미디어가 발달함에 따라 공기업으로서 정의를 저버린 납득할 수 없는 일들, 유명 인플루언서(influencer)들의 예상치 못한 과거 행적, 그동안 믿고 사용한 제품들의 진실과 같은 문제들을 쉽게 접할 수가 있게 되었습니다. 따라서 불공정에 대한 의식은 더욱 커지게 되었습니다. 하지만 MZ세대들이 이렇게 매일 불평등에 대한 문제의식만 가지고 살아가는 것은 아닙니다.

저탄소 성장과 같은 환경 문제, 합리적인 소비, 기업 윤리 등 사회적으로 해결해야 할 공동의 문제에 대한 관심이 높아지면서 이러한 일에 동조하는 기업을 지지해 주는 거대한 바람을 일으키고 있습니다. 그래서 이런 양심적인 기업에 '돈쭐내다'라는 신조어까지 만들어 사회 정의를 위해 노력하기도 합니다.

MZ세대들이 이러한 절망적인 현실 세계에서 잠시나마 해방되기 위해서는 휴식처가 필요합니다. MZ세대가 선호하는 휴식 장소로는 노래방, 놀이동산, 공연장, 야구장, 카페 등으로 나타났습니다. 그러나 이 장소들은 모두 많은 사람으로 붐비는 장소여서 최근 불어닥친 코로나19의 여파로 문을 닫거나 축소 영업을 하게 되었습니다. 따라서 비대면 사회 문화가 자리 잡은 요즘에는 현실 세계에서 추진하기 어려운 모임을 인터넷 커뮤니티를 통해 이어나가고 있습니다. 이곳에서는 모두 가상의 아바타로 만나게 되고 현실과는 별개의 세상이므로 차별이 거의 존재하지 않는 곳입니다. MZ세대들이 현실에서 잠시 벗어나 쉴 수 있고 차별이 없는 가상현실로 모이고 있는 것입니다.

그러나 MZ세대가 유튜브에서보다 더욱 많은 시간을 보내고 있는 놀이터 로블록스, 자신을 마음껏 표현할 수 있는 아바타가 있는 제페토, 게임이면서 SNS 공간인 포트나이트 파티로얄 같은 메타버스 플랫폼과 게임들은 적어도 3년에서 많게는 10년 이상 전부터 MZ세대들이 주로 이용했던 공간들입니다.

비대면 사회 문화가 널리 퍼지면서 몇 년 후에야 올 것 같은 메타버스 시대와 조금 더 일찍 만나게 되었습니다. 그러나 MZ세대는 이미 메타버스 공간 안에 살고 있었다고 할 수 있습니다.

4 게이미피케이션(Gamification)과 메타버스

1994년 초등학교 5학년 때 쌀농사를 지으시는 시골 할아버지께서 추수를 하시고 방앗간에서 탈곡하여 1년 치 농사지으신 돈을 받으셨습니다. 거기에서 당시에는 큰돈인 150만 원을 뚝 떼어 컴퓨터를 사는데 보태라고 손자인 우리 형제에게 돈을 주셨습니다. 아버지께서는 30만 원을 더 보태서서 당시 486SX 기종의 데스크톱 컴퓨터를 사주셨습니다. 난생 접해 보는 컴퓨터라 신기하였습니다.

어려운 살림에 할아버지와 아버지께서 컴퓨터를 사주신 이유는 바로 공부하는 데 도움이 되었으면 하는 바람이었습니다. 그래서 컴퓨터를 살 때 세트로 끼워준 영어 학습 CD와 시사 상식 CD를 실행시키며 내용보다는 TV가 아닌 모니터 화면에 그림과 동영상이 나오는 게 신기하다는 생각을 하였습니다.

한 달이 지나자 이 컴퓨터는 오락기가 되어 있었습니다. 우연히 5.25인치 디스크에 버블버블이라는 게임 프로그램을 카피해 와서 실행해 본 것이 화근이었습니다.

초록색, 보라색 공룡 두 마리가 나오는데 악당을 향해 입에서 비눗방울을 불면 그 안에 악당들이 갇히고 방울을 건드려 터뜨리면 점수가 되는 아이템이 나오는 형식의 게임이었습니다. 총 100판까지 있었는데 너무 재미있어서 학교를 마치면 집중해서 했던 기억이 있습니다.

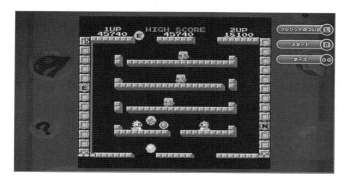

버블버블 게임 (출처: taito게임)

　요즘은 스마트폰을 활용한 놀거리가 많이 있지만 20~30년 전만 해도 이렇게 컴퓨터 게임을 하거나 오락실에 가고는 했습니다. PC방은 스타크래프트와 리니지 같은 게임을 하는 학생들로 가득 차 있곤 하였습니다.

　그렇다면 이렇게 게임을 하는 것이 인생의 낭비일까요?

　팬데믹으로 인해 경제가 위축되었는데 그 와중에도 끊임없이 발전을 계속해 온 분야가 있습니다. 바로 게임 산업입니다.

　코로나19 사태가 장기화 되고 비대면 사회 문화가 확산하면서 사람들은 혼자 지내는 시간이 크게 늘어났습니다. 인간은 원래 사회적 동물이기에 무언가를 통해 만남을 이어가야만 했습니다. 그래서 선택한 것이 게임입니다.

　《2020 대한민국 게임백서》에 따르면, 2021년 국내 게임 시장의 규모는 17조 93억 원으로 지난해 15조 5,790억 원보다 9.2% 증가할 것으로 예상하였습니다.

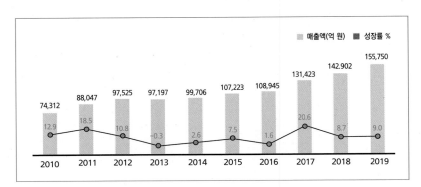

국내 게임 시장 규모 및 성장률 (출처: 2020 대한민국 게임백서)

    국내 게임 시장뿐 아니라 해외 게임 회사도 크게 성장하였습니다. 그러나 게임 산업을 부정적으로 보는 사람들이 아직은 많습니다.

    게임 이용자들은 사실 이제껏 겪어 보지 못했던 코로나19 사태와 비슷한 일을 게임 속에서 이미 경험했습니다.

    바로 '월드 오브 워크래프트(World Of Warcraft)'라는 게임에서 있었던 일입니다. 흔히 줄여서 '와우(WOW)'라고 하는 게임입니다. 일명 '오염된 피의 사건'이 발생한 것입니다.

    사건의 개요는 이렇습니다. 게임 속 판타지 세계에는 여러 가지 몬스터들이 존재합니다. '학카르'라는 몬스터가 던전(Dungeon, 몬스터들이 대거 포진해 있는 소굴)에 살고 있었습니다. 학카르가 '오염된 피'라는 기술을 사용해서 플레이어가 이에 중독되면 체력이 깎이고 전염시킬 수 있다는 특징이 있습니다. 학카르는 주기적으로 플레이어의 생명력을 흡수하기 때문에 어떤 플레이어들은 일부러 오염된 피의 기술에 걸린 뒤 학카르에게 전염된 상태로 생명력을 흡수시켜 HP(Health Point)를 깎는 전략을 사용했던 것입니다.

    오염된 피의 기술은 플레이어 스스로 치료가 불가능합니다. 그래서 던전에서 빠져나오면 자동으로 치료가 되도록 프로그래밍 되어 있었습니다.

하지만 펫을 이용하는 사냥꾼들이 던전 내에서 이 기술에 걸린 펫을 소환 해제한 후 출구 룸을 나가 던전 밖에서 다시 소환할 경우 오염된 피의 기술에 감염된 채로 던전 밖에 소환이 된 것입니다. 사람이 만든 프로그램이었기에 프로그램상 오류가 있었고 이를 이용한 것입니다.

처음 전염된 것은 게임 안의 NPC(Non-Player Character)들인데 생명력이 지속적으로 회복되어 오염된 피에 감염되고도 죽지 않는 보균자가 생겨난 것 입니다.

오염된 피의 사건 당시의 모습 (출처: IT Chosun)

이후 코로나19처럼 게임 안의 세계에 전염병이 퍼지기 시작하였습니다. 게 임회사는 버그를 고치려고 노력했지만 해결하기까지는 많은 시간이 걸렸습 니다. 체력이 낮은 저레벨 유저들은 이유도 모른 채 죽어 나갔고, 또 다른 월 드 오브 워크래프트 내의 도시까지 전염되어 실제 전염병 사태를 방불케 하였 습니다.

당시 플레이어들은 다양한 행동을 보여 주었습니다. 치유 스킬을 가진 플레이어(Healer) 중 일부는 자발적으로 감염된 플레이어들을 치료해 주었습니다. 다른 플레이어들은 경찰, 군대와 같은 민병대 조직을 구성해 다른 사람들이 전염병에서 안전한 지역으로 이동할 수 있도록 안내하였습니다. 또한, 병에 걸리지 않기 위해 큰 도시를 탈출하거나 감염된 플레이어를 도시 안에 격리시키는 등 실제 코로나19 상황과 비슷한 행동들을 하였습니다. 사태가 심각해지자 결국 게임 제작사인 블리저드는 서버를 리셋함으로써 사건이 막을 내립니다. 그런데 그전까지는 게임 속 세상 구성원들이 자발적인 노력으로 게임 세상을 지켜내고자 했던 사건입니다. 오염된 피 기술로 인한 팬데믹은 인류 역사적으로 의미 있는 사건이어서 BBC 뉴스와 의학 저널에 실릴 정도였습니다. 미국질병통제예방센터에서는 전염병 연구에 참고하고자 블리자드에 당시의 통계 자료 제공을 요청하기도 하였습니다.

게임 산업이 크게 성장하면서 한 가지 더 눈여겨봐야 할 점이 있습니다. 여러 사회 분야들이 게임 요소를 적극 반영하고 있다는 점입니다.

기업, 학교, 공공기관들이 그동안 해왔던 일들을 게임처럼 해나가고 있습니다. 게임적 요소가 가지고 있는 재미와 즐거움을 적극 활용하고 있다는 것입니다. 그 증거가 바로 게이미피케이션(Gamification)입니다.

게이미피케이란 게임이 아닌 분야에 대한 지식 전달, 행동 및 관심을 자신이 의도한 방향대로 이끌기 위해 게임의 요소를 접목하는 것을 의미합니다. 현재 가장 많이 쓰이는 분야는 상업적 마케팅 쪽입니다.

패션 쪽에서 게임을 마케팅에 사용한 예는 많습니다. 대표적으로 2020년 5월 이탈리아 명품 브랜드 발렌티노는 '모여 봐요 동물의 숲' 게임 안에서 가상 패션쇼를 열었습니다. 발렌티노는 게임 이용자가 캐릭터에 원하는 의상을 입힐 수 있는 이 게임의 특징을 살려 제품 홍보를 진행하였습니다. 구찌도 온라인 스포츠 게임 '테니스 클래시' 속 캐릭터를 위한 옷을 선보였습니다.

'모여 봐요 동물의 숲'에 출시된 발렌티노 의상 착용 모습 (출처: GameMeca)

치킨을 열 번 주문하면 한 마리를 무료로 주는 쿠폰제도 게이미피케이션의 고전 사례입니다. 인터넷 사이트의 댓글 추천 기능, 네이버 지식인 운영 방법도 모두 게이미피케이션에 해당합니다.

메타버스 플랫폼 제페토 같은 경우에도 행운 퀴즈 정답을 맞추거나 미션을 달성하면 제페토 세계관 내에서 실제 돈과 마찬가지로 사용할 수 있는 젬과 코인을 지급하고 있습니다. 토스(Toss)에서는 만보기 걸음 수에 따라 미션을 달성하면 실제 돈으로 보상을 제공하고 있습니다. 친구로 맺어진 사용자들과 함께하면 하루에 최대 100원까지 벌 수 있는 물리적 공간과 연결된 게이미피케이션 요소를 활용하고 있는 것입니다.

카카오뱅크는 적금 상품에 가입해서 일정 금액을 적립하게 되면 재미있는 이모티콘, 굿즈를 리워드(보상)로 나눠 주면서 게이미피케이션으로 마케팅 효과를 톡톡히 누리고 있습니다.

정치권에서도 미국의 조 바이든 대통령이 민주당 후보 시절 모여 봐요 동물의 숲에서 가상 유세 활동을 펼침으로써 게임적 요소를 활용했습니다. 당시 조 바이든 캠프는 게임 캐릭터에 적용할 수 있는 스킨을 무료로 배포하였고 플레이어들은 자신의 섬에 조 바이든 깃발을 세우거나 캐릭터에 바이든 의상을 입히는 식으로 지지 의사를 밝히기도 하였습니다.

'모여 봐요 동물의 숲'에서 선거 유세를 하는 조 바이든 당시 대통령 후보
(출처: 한국정경신문)

그 외에도 학교 교육, 공공정책이나 뉴스 · 미디어, 보건 · 의료 분야, 환경, 유통, 심지어 국방 분야에서도 활용되고 있습니다.

학교 교육을 예로 들면 학생들이 긍정적인 행동을 할 때마다 칭찬 통장에 포인트를 적립해 주고 목표 포인트를 달성하면 보상을 제공하는 형식입니다. 이는 흔히 게임에서 많이 쓰이고 있는 레벨업과 보상 체제를 현실에 갖고 온 게이미피케이션 사례입니다.

공공기관에서 환경 보호와 관련하여 게이미피케이션을 활용한 사례도 있습니다. 네덜란드의 암스테르담 스마트시티 사업은 이곳 시민과 기업이 주도적으로 참여하는 도시 재생 프로젝트입니다. 주민들이 분리수거를 하면 코인을 지급하고 가맹점에서 물건을 살 수 있습니다. 이러한 보상 제도를 활용해 재

활용에 대한 인식을 개선한 게이미피케이션 사례라고 할 수 있습니다.

민간 부문에서도 환경과 관련하여 기업의 이미지 향상을 위해 게이미피케이션을 활용하고 있습니다. 대기오염의 주범인 매연을 생산하는 자동차 산업은 기업 활동에 친환경, 사회적 책임 경영, 지배 구조 개선 등 투명 경영을 고려해야 지속 가능한 발전을 할 수 있다는 ESG(Environmental, Social and Governance) 철학에 역행한다는 비난을 받고 있습니다. 그래서 이 분야의 기업들은 어떻게 하면 화석 연료를 사용하는 자동차 기업에 친환경적인 이미지를 심어 주고 환경오염도 줄여서 지속 가능한 발전을 할 수 있을까? 하는 고민을 많이 하고 있습니다.

21세기 이후 세계에서 가장 먼저 팔린 양산형 전기차, 현재까지 가장 많이 팔린 전기차라는 별명을 갖고 있는 닛산의 리프가 자동차 디자인에 게임적 요소를 결합하였습니다.

닛산의 리프에는 매일 운전을 하면서 보는 계기판에 나무 디자인을 넣었습니다. 운전자가 환경 보호를 저해하는 급가속, 급제동을 하면 나무가 시드는 모습으로 변합니다. 환경을 생각하는 정속 운전을 하면 다시 나무가 푸르게 변하도록 설계하였습니다.

계기판에 나타난 나무가 푸르게 잘 크고 있다고 현실 세계에서 어떤 보상이 있는 것은 아닙니다. 그러나 운전자들은 나무를 푸르게 잘 키우고 있는 자신에 대해 만족하는 마음을 가지게 됩니다. 게임에서 미션을 해결하고 레벨업하는 내 캐릭터를 보며 '보람 있어' 하는 것처럼 운전자들은 의식하지 못한 사이에 화석 연료의 사용을 줄이는 노력을 하게 되는 것입니다.

국방 분야에서는 미국 육군에서 징병을 장려하기 위해 개발된 '아메리카 아미(America's Army)'라는 게임이 있습니다. 게임 내에서 미국 도처의 경기 행사, 에어쇼 등 여러 사건을 배경으로 게임 이용자들에게 실제 군대 경험을 제공하고 있습니다.

게임 아메리카 아미(America's army)의 게임 중 한 장면
(출처: Americasarmy 공식 사이트)

2015년 스위스의 유명한 커피 브랜드 네스카페 인스턴트 커넥션(NESCAFE Instant Connection)이 재미있는 이벤트를 진행하였습니다. 건널목을 사이에 두고 커피 자판기 2대를 배치하여 사람들이 커피를 마실 수 있도록 하였습니다. 커피는 무료로 제공되는데 한 가지 조건이 있습니다. 길 건너편에 있는 사람과 동시에 자판기 본체에 있는 프레스 투게더(Press Together) 버튼을 양쪽에서 함께 눌러야 커피 1잔씩이 무료로 나오는 것입니다.

네스카페 인스턴트 커넥션 프로젝트로 설치된 건널목의 자판기 (출처: BIZION)

버튼을 함께 누르기 위해 건널목을 사이에 둔 두 사람은 서로 손짓으로 신호를 주고받았을 것입니다. 이 제품의 설치로 하루 318번 서로 모르는 사람들이 인사를 나누고 서로 손을 흔들어 준 것이 285회나 되었다고 합니다. 사람들은 커피 한 잔으로 서로 연결되고 소통되는 느낌이 들었을 것입니다. 모르는 사이인데도 839회나 따뜻하게 미소를 교환하며 눈인사를 하였습니다. 서로 커피를 들고 길을 건너가며 하이파이브 하는 사람들도 있었습니다. 네스카페 커피하면 소통과 연결이 떠오르게 하는 브랜드에 대한 긍정적인 이미지를 게이미피케이션을 통해 심어 준 것입니다.

유통 분야에서도 게이미피케이션이 활발히 적용되고 있습니다. 나이키가 한정판 운동화를 수집하는 매니아들을 위해서 아주 재미있는 이벤트를 진행하였습니다. 나이키의 게임 관련 앱을 깔면 한정판 운동화 판매가 시작될 시 알람이 울립니다. 다음으로 온라인 앱에서 소비자가 대기합니다. 이때 나보다 앞에 온 사람과 간단한 게임을 해서 순서를 변경할 수 있습니다. 게임에 이기면 앞으로 가서 원하는 물건을 좀 더 빨리 얻을 수 있습니다. 이렇게 게임적인 요소를 접목해서 기다리는 사람들이 지겹지 않도록 해주는 것입니다. 이렇게 다방면에 적용할 수 있는 게이미피케이션은 메타버스와 결합하여 새로운 시너지 효과를 내고 있습니다.

게이미피케이션의 원리가 적용된 대표적인 메타버스 플랫폼에는 제페토, 게더타운, 로블록스와 같은 것들이 있습니다.

게임에 캐릭터가 있는 것처럼 메타버스 플랫폼에는 아바타가 있습니다. 플랫폼 안에 들어가 보면 가상의 공간이 있고 그 안에서 해결해야 할 다양한 일들과 이벤트들이 있습니다. 게임의 체계와 매우 흡사합니다.

또한 메타버스 플랫폼에서 다양한 아이템을 만들고 판매하면서 수익을 거두는 경제 활동을 하는 사람들이 늘어나고 있습니다. 이들을 메타버스 크리에이터라고 합니다.

메타버스 플랫폼 이전의 게임에서도 아이템을 구매하는 경제 활동이 있었습니다. 사적으로 아이템을 현금으로 거래하는 경우도 있었지만 정식적인 경제 활동은 아니었습니다.

게임 안의 세계와 메타버스 가상세계의 차이점은 여기에 있습니다. 게임에 경제 활동이 추가된 것이 메타버스 플랫폼인 것입니다. 메타버스 플랫폼이 구현하는 가상세계 속에서도 게이미피케이션의 원리를 적용하면 우리는 좀 더 즐겁게 메타버스 공간에서 살아갈 수 있지 않을까 합니다.

5 화성 테라포밍(Terraforming)과 메타버스

영화 〈마션(The Martian)〉을 보셨나요? 영화를 보지 않았더라도 제목은 한번쯤 들어보셨을 것입니다. 식물학자로 나오는 주인공 마크 와트니(Mark Watney)는 화성에서 물도 만들고 산소도 만들고 감자도 캐면서 지구 시간으로 564일인 549화성일 동안 그곳에서 생존했습니다.

영화 〈마션〉처럼 진짜로 화성에 사람이 사는 것이 가능한 일일까요? 화성을 인류가 살 수 있는 환경으로 만들 수 있을까요?

영화 〈마션〉 (출처: 네이버 영화 소개)

지금 상태로 화성에서 살기는 어려울 것입니다. 화성을 인간이 거주하기 적합하게 해 주는 과정이 필요할 것입니다. 이처럼 지구가 아닌 다른 행성 및 위성과 다른 천체의 환경을 지구 대기, 온도, 생태계와 비슷하게 바꾸어 인간이 살 수 있는 환경으로 만드는 작업을 '테라포밍(Terraforming)'이라고 합니다.

영화 속에서 마크 와트니는 화성에서 지내면서 감자를 키웁니다. 주인공은 어느 정도 화성을 테라포밍 하였다고 할 수 있습니다. 지금 이 순간에도 과학자들은 끊임없이 테라포밍이 가능한 행성을 찾고 있습니다.

태양계의 행성 중 지구와 거리가 가장 가까운 금성의 경우는 일단 두꺼운 황산 구름을 걷어내야 하고 표면 온도는 500도 이상, 대기압은 지구의 75~100배 정도나 되는 등 테라포밍에 난관이 많습니다. 또한, 물이 존재한다고 예상되는 목성의 위성 유로파, 토성의 위성 타이탄, 엔셀라두스의 경우에는 지구와 거리가 너무 멀리 떨어져 있습니다. 그리고 토성의 위성 레아는 산소 70%, 이산화탄소 30%로 이상적인 대기 농도를 가지고 있지만 대기 밀도가 희박하여 테라포밍이 어렵다고 할 수 있습니다. 그러나 화성의 경우에는 지구 환경과 비슷한 점도 많고 지구 바로 다음에 있는 행성이라 거리상 이점이 있어 다른 천체들에 비해 테라포밍 성공 가능성이 매우 높습니다. 표면이 지구처럼 단단한 암석으로 이루어져 있고 자전주기도 지구보다 불과 37분 긴 24시간 37분입니다.

또한, 화성의 자전축이 25.19도 기울어져 있어서 자전축이 약 23도 기울어진 지구와 비슷하게 사계절이 존재합니다. 여기에 최근 화성 탐사를 통해 생명체가 존재할 가능성이 높은 증거인 물이 존재하는 흔적도 계속 발견되고 있습니다.

화성 테라포밍 상상도 (출처: 불교신문)

태양과 너무 가깝지도 멀지도 않은 적당한 거리인 골드락 존에 있어서 생명체가 살기에 유리합니다. 지구와의 거리는 일정하지 않고 변하는데 가장 가까울 때가 5,452만km 정도로 한 번 왕복하는데 2년 반 정도의 시간이 걸린다고 합니다.

하지만 화성 테라포밍에는 몇 가지 장애물들이 있습니다. 우선 화성의 중력은 지구 중력의 약 1/3 정도밖에 안 됩니다. 화성의 직경이 지구의 절반 정도밖에 되지 않기 때문입니다. 더군다나 화성의 무게는 지구의 1/10 정도로 적게 나갑니다. 따라서 체중이 60kg 정도인 사람이 화성에 간다면 20kg 정도가 될 것입니다.

중력이 약해지면 산소와 같은 분자량이 작은 기체를 잡아둘 수 없습니다. 그래서 화성의 기압은 지구의 1/100 수준으로 정말 낮습니다. 여기에 화성의 핵이 활동을 거의 멈춘 상태이기 때문에 자기장이 지구 자기장의 1/800밖에 되지 않아 태양풍으로 인해 화성의 대기가 거의 다 날아가 버려 화성에는 공기가 거의 존재하지 않습니다.

화성의 대기 조성도 지구와 큰 차이가 있습니다. 이산화탄소가 95.72%, 질소가 2.7%, 아르곤이 1.6%로 이루어져 있고, 산소는 0.2%로 매우 희박합니다. 우리가 만약 호흡을 도와주는 다른 장비를 지니지 않고 화성에 가게 된다면 숨을 제대로 쉬지 못해 얼마 안 가 위험한 상황에 빠질 것입니다.

이산화탄소의 농도가 높은 것도 생명에 위협이 됩니다. 사람은 이산화탄소 농도가 8% 정도만 되도 숨을 쉴 수가 없고 10%가 되면 사망에 이르게 됩니다.

게다가 물의 끓는점이 기압이 낮을수록 내려가기 때문에 지구 기압의 1/100이 안 되는 곳에서의 물의 끓는점이 27도밖에 되지 않을 정도로 사람의 평균 체온보다 낮습니다. 따라서 물로 구성된 생명체가 살기에는 적합하지 않습니다.

화성도 지구와 비슷한 약 45억 6000만 년 전에 생성되었습니다. 탄생 당시에는 표면이 100% 바다의 형태였고, 표면 온도가 영상을 유지했으며 생명체도 존재했었을 것으로 추정됩니다.

하지만 지금의 화성은 물이 보이지 않는 척박한 사막 지형과 같은 모습으로 변하였습니다.

물은 생명체에게는 없어서는 안 될 필수적인 존재입니다. 물이 없다면 생태계가 생겨날 수 없습니다. 설령 화성 표면에 물이 있다고 해도 낮은 중력과 자기장 때문에 대기에 노출되자마자 화성 밖으로 증발해 버립니다.

하지만 화성에 물이 전혀 없는 것은 아닙니다. 화성의 극지방에는 많은 양의 물이 얼음 형태로 저장되어 있고 화성의 지표면 밑에는 지하수 형태로 물이 존재한다고 합니다. 하지만 화성에 있는 물의 양이 어느 정도인지는 잘 모르기 때문에 테라포밍에 충분한 양인지에 대해서는 미지수라고 합니다.

화성은 평균 기온이 지구의 남극 평균 기온인 영하 55보다 낮을 정도로 매우 낮습니다. 화성의 평균 기온은 섭씨 영하 63도이고 최저 기온은 무려 섭씨 영하 143도~176도에 육박할 정도로 극한의 환경입니다.

화성의 기온이 이렇게 낮은 이유는 화성의 대기밀도가 낮기 때문입니다. 화성에 낮이 오면 영상 6도까지 올라가기도 하지만 대기가 부족하기 때문에 햇빛이 뿜어냈던 열을 잡지 못하고 밤이 되면 기온이 급격하게 떨어집니다. 이렇게 낮은 온도에서는 농작물도 키울 수 없고 인류가 살기에도 힘들 것입니다.

물과 함께 자기장도 생명체가 태어나는 데 필수적인 요소입니다. 지구에는 자기장이 있어 태양풍을 막아 주는 방어막 역할을 하고 대기와 물이 밖으로 날아가지 않도록 막아 주는 역할을 합니다. 만약에 지구에 자기장이 없었더라면 생명체는 절대 탄생할 수 없었을 것입니다. 앞에서 화성의 자기장의 세기는 지구 자기장의 1/800밖에 되지 않는다고 하였습니다. 화성은 대기와 물을 붙잡지 못하기 때문에 밖으로 날려 보내게 되고 우주 방사능으로부터 보호막이 없습니다.

이처럼 화성은 대기압이 낮고 대기 조성도 지구와는 다르고 물의 양이 충분한지 확실치 않고 기온은 낮고 자기장도 매우 약합니다. 화성은 생명체가 존재할 수 없는 환경을 가지고 있습니다.

그럼에도 불구하고 과학자들은 화성에 지구 생물이 살 수 있는 환경과 생태계를 구축하는 테라포밍을 추진하려고 연구 중입니다. 그럼 화성 테라포밍 계획에 대해 구체적으로 알아보겠습니다.

나사는 3조 9,000억 달러를 투자해서 480년의 기간 동안 총 5단계에 걸쳐 화성 테라포밍을 하려는 계획을 가지고 있습니다.

첫 번째 단계는 대기를 조성하는 것입니다. 화성은 대기압이 낮고 대기도 희박하며 대기의 구성도 생존에 적합한 환경은 아닙니다. 화성의 대기 특성을 바꿔서 지구처럼 생명체가 살 수 있는 환경으로 바꾸는 계획입니다. 화성 대기를 바꾸는 데는 두 가지 방법이 있습니다. 첫 번째 방법은 암모니아, 탄화수소, 수소, 플루오린(Fluorine)으로 이루어진 염화불화탄소 화합물을 화성에 투입시켜서 온실 효과를 일으키는 것입니다. 이 방법이 성공한다면 화성의 낮과 밤이 보이는 극명한 기온 차이가 사라지고 생명체가 살 수 있는 수준의 기온이 종일 유지될 수 있을 것입니다.

두 번째 방법은 실리카 에어로젤(Silica aerogel)이라는 물질을 화성 표면에

뿌려서 화성 일부에만 온실 효과를 일으키는 것입니다. 에어로젤은 99%가 공기로 이루어진 스티로폼 같은 고체입니다. 극도로 가볍고 단열 효과가 뛰어납니다. 반투명이라서 가시광선은 통과시키고 유해한 자외선은 차단시킵니다. 연구에 따르면 특별한 물리학이나 기술이 필요 없고 얇은 층의 에어로젤만 있으면 된다고 합니다. 영하 90도까지 떨어지는 화성 중위도 지역의 평균 온도를 지구 수준으로 끌어올릴 수 있다는 실험 결과도 있습니다.

세 번째 방법은 화성에 인공 자기장을 설치하는 것입니다. 화성과 태양 사이에 인공 자기 발생 장치를 가져다 놓으면 인공 자기장이 화성을 태양풍으로부터 막아 주고 대기도 두꺼워집니다. 나사는 인공 자기장을 설치하면 화성의 기온은 약 4도까지 오르고 이산화탄소도 많아질 것이라고 설명했습니다.

나사는 이미 우주선에서 작은 모형으로 자기파 연구를 해왔고 같은 기술을 더 큰 규모로 확장하면 된다고 보고 있습니다. 나사의 시뮬레이션에 따르면 인공 자기장을 설치해서 화성의 대기를 조성하면 계산상으로는 90년이 걸리고 비용은 600조 원이 든다고 합니다.

화성에서 생명체가 살려면 물은 필수적입니다. 물이 공급돼야 화성에서 농사도 지을 수 있습니다. 만약에 화성에서 농사를 짓지 못한다면 식량 자원을 지구에서 끊임없이 공급받아야 하니까 화성 개척은 절대로 진행할 수 없습니다. 화성에 물을 공급하는 방법으로는 여러 가지가 있습니다. 화성의 지하나 극지에 있는 얼음을 녹여서 물을 확보하거나 주변 소행성에서 물이나 얼음을 채취하거나 마지막으로 화성의 기온을 높인 다음 인공 강우를 이용하는 방법이 있습니다. 계산상으로는 충분한 물이 공급되려면 약 120년이 걸리고 840조 원이 든다고 합니다.

테라포밍 3단계는 화성 기온 높이기입니다. 기온을 높이는 방법으로 5가지가 언급되고 있습니다. 첫 번째는 온실 효과를 이용하는 것입니다. 앞서 언급했던 대기 조성 단계와 같다고 볼 수 있습니다. 두 번째는 화석 연료를 태워서 온실 효과를 일으킨 다음 기온을 높이는 방법입니다. 하지만 화성에는 화석 연료가 없기 때문에 화석 연료를 지구에서 가져와야 하는데 운송비가 천문학적으로 많이 든다는 문제가 있습니다.

세 번째는 좀 과격합니다. 소행성이나 운석을 화성에 유도해서 충돌시키는 방법입니다. 소행성을 화성 극지방에 떨어뜨리면 드라이아이스를 순식간에 녹일 수 있고 얼음 속에 갇힌 이산화탄소를 순식간에 방출할 수 있다는 계산입니다. 이렇게 하면 빠른 시간 안에 화성 대기는 두꺼워지고 온난화 현상이 일어납니다. 너무 과격한 방법이라서 미래 예측이 불가능하고, 시뮬레이션과 다른 결과가 나올 가능성도 크고 한 번 실행하면 통제가 불가능하다는 단점이 있습니다.

소행성만큼 과격한 방법이 또 있습니다. 바로 핵 떨어뜨리기입니다. 스페이스 X의 창업자이자 테슬라 모터스(Tesla Motors)의 대표 일론 머스크(Elon Musk)가 제시한 방법입니다. 일론 머스크는 히로시마 원폭 5만 배 위력의 핵무기를 화성 극지방에 터뜨리자고 주장했습니다. 지금까지 제시된 방법으로는 시간이 너무 오래 걸리니 이 방법으로 빠르게 기온 상승 단계를 진행시킨다는 것입니다. 소행성을 유도해서 박아내는 것처럼 화성 극지방에 핵폭탄을 쏴서 얼음 속의 이산화탄소를 방출시키면 화성 대기가 두꺼워질 거라는 계산에서 나온 주장입니다.

조금 특이한 방법도 있습니다. 바로 초대형 거울을 우주에 설치하는 것입니다. 빛을 반사할 수 있는 표면 1.5km 길이의 거울을 우주에 설치, 태양 빛을 반사시켜서 화성 한 지점의 온도를 급상승시킨다는 계획입니다. 추가적으로 친환경적인 초대형 거울이 화성 대기권에 머물면 아주 거대한 우주정거장 역할도 맡게 된다고 합니다. 하지만 감마선 등의 해로운 광선은 거울이 반사시킬 위험이 있고 시간은 150년이나 걸리고 비용은 1,000조 원이나 든다고 합니다. 대기를 조성하고, 물을 공급하고, 온도를 올리는 세 가지 단계는 동시 다발적으로 진행하고 3단계까지 거친다면 화성은 초창기 지구와 비슷한 환경이 됩니다. 그리고 원래라면 40억 년에 걸쳐서 일어나야 할 일을 인류의 기술로 360년 안에 끝마칠 수 있다고 합니다.

테라포밍 4단계는 식물 심기, 이제 화성은 식물을 심을 수 있는 환경이 되었습니다. 4단계에서는 본격적으로 화성에 생태계를 조성하는데 미생물들, 유전 조작된 식물들을 화성에서 키웁니다. 이끼식물은 지구 극지방에서도 살 정도로 생존력이 뛰어난데요, 유전공학으로 강화된 이끼식물들을 화성에 심으면 이끼들이 햇볕을 머금고, 화성의 온도는 지구 수준까지 올라갈 것입니다. 추가적으로 이끼는 산소를 뿜어내는데요, 이 산소가 쌓이고 쌓이면 인간이 호흡 가능한 수준까지 대기가 조성되고 기압 역시 지구만큼 올라갈 것입니다. 4단계는 그나마 적은 시간, 적은 비용이 드는데요, 계획대로라면 50년 동안 360조 원이 투자된다고 합니다.

이제 마지막 단계입니다. 완성된 생태계를 토대로 도시를 건설하는 것입니다. 총 4단계의 테라포밍을 거치면 마지막 5단계는 정말 쉬울 것으로 과학자들은 예상하고 있습니다. 지금까지 화성 테라포밍 과정에 대해 알아보았습니다. 화성과 메타버스 세계의 공통점은 바로 인류가 살지 않는 곳이지만, 후에는 그곳이 인류가 최종적으로 이주하게 될 장소라는 점입니다.

지구가 사람들이 살기 어려운 환경으로 변하였을 때 언젠가 우리는 지구를 떠나야 할지 모릅니다. 화성으로 이주하게 된다면 아마 바깥에서 활동하는 것에 큰 제약이 따를 것입니다. 그때 우리의 현실 세계는 화성으로 떠나고 그 안에서 자유로운 활동이 어렵기 때문에 가상세계에 또 다른 유토피아를 건설하게 될지도 모르겠습니다.

6 현실 경제와 가상 경제의 연결

가상세계 안에서도 현실 세계와 마찬가지로 시간이 흘러갈까요? 초창기 게임 안에서는 사실 시간의 개념이 그렇게 중요하지 않았습니다. 유저가 언제든 원하는 때 접속해서 게임에 참여하고 SAVE를 눌러 현재 상태를 저장한 후 게임에서 빠져나오면 게임 속 세상은 그대로 멈춰 있는 것이 일반적이었습니다.

다시 게임에 접속하거나 실행해서 LOAD를 눌러 이전에 저장한 상황을 불러와 게임을 하면 이전에 접속을 해지하고 이번에 접속한 사이의 시간은 삭제되고 다시 예전 저장했던 시점부터 플레이가 시작되는 방식이었습니다. 이같은 시스템에서는 게임 속 세계의 시간이 유저가 접속하지 않을 때에는 멈춰 있다고 볼 수 있습니다.

그리고 게임 속 아침, 점심, 저녁, 밤의 하루 시간 개념도 게임마다 제각각이었습니다. 어떤 게임에서는 설정에 따라 불과 3분 만에 아침에서 저녁으로 바뀌기도 하고, 어떤 게임은 낮과 밤의 구분이 없이 시간에 낮만 있거나 밤만 존재하는 설정도 있었습니다.

그러나 유저가 접속하지 않아도 게임 속 세상의 시간은 흘러가는 게임이 나왔습니다. 바로 '모여 봐요 동물의 숲'이라는 게임입니다. 이 안에서는 현실 세계와 동일한 시간이 흐릅니다. 현실 세계에서 아침 해가 뜨면 모여라 동물의 숲 세계에서도 아침 해가 뜨고 게임 속에서 정오가 되면 현실 세계도 똑같이 점심을 먹을 시간이 되는 것입니다.

다음은 모여 봐요 동물의 숲 안에서 일어나는 경제 활동에 대해 알아보겠습니다. 게임은 너굴이 운영하는 무인도 이주 패키지에 가입해 사람이 없는 섬에 이주하는 것으로 시작됩니다. 여기서 가장 큰 지출은 집 대출금입니다. 다음으로 추가적인 다리나 비탈길 공사, 비싼 가구나 액세서리 구매가 있습니다.

이 게임에서는 '벨'이라는 화폐 단위를 이용합니다. 벨을 버는 방법에는 여러 가지가 있습니다. 가장 기본적인 방법으로 채집이 있습니다. 곤충 채집, 물고기 낚시, 해산물 채취가 있습니다.

'모여 봐요 동물의 숲'에서 물고기를 낚시한 유저의 모습
(출처: 모여 봐요 동물의 숲 공식 사이트)

곤충 채집은 꽃, 물가, 나무 등 곤충의 스폰 장소에 따라 각기 다른 액수 벨의 곤충들을 채집할 수 있습니다.

물고기 낚시는 크게 민물낚시와 바다낚시 방법이 있으며 바다에서 잡히는 물고기의 평균 가격이 높고 계절을 타지 않는 장점이 있습니다.

다음은 해산물 채취입니다. 바다에서 수영하면서 각종 해산물을 채취할 수 있습니다. 낚시와 곤충 채집과 대비했을 때 채집 속도가 다소 느리지만 잡는 데 실패해도 사라지지 않고 익숙해지면 움직이는 속도만으로도 어느 해산물이 비싼 해산물인지 판단할 수 있습니다.

벨을 버는 두 번째 방법으로 돈나무를 심는 것이 있습니다. 하루에 한 번씩 섬의 어딘가에 빛나는 구멍이 바닥에 생기고 거길 삽으로 파면 1,000벨이 나옵니다. 그 구멍을 덮지 않고 본인의 돈을 심으면 3일 후에 3배의 벨을 벌 수 있습니다.

세 번째 방법으로 마일 섬을 파는 방법이 있습니다. 마일 섬은 땅의 크기가 작기 때문에 곤충과 물고기의 스폰 범위가 좁습니다. 따라서 조금만 움직여도 곤충과 물고기를 다량으로 채집할 수 있기 때문에 벨을 크게 벌 수 있습니다.

마지막으로 무 투자가 있습니다. 무트코인(무+비트코인)이라고도 불리는 방법으로 너굴 상점을 오픈한 이후 매주 일요일 오전 5시부터 정오 전까지 무 파니가 방문하여 무를 구매할 수 있습니다. 구매한 무는 과거로 시간 설정을 변경하거나 일주일이 지나면 썩습니다. 그래서 월요일부터 토요일까지만 무 판매가 가능하고 무 거래가의 패턴은 반등형과 감소형으로 바뀌기 때문에 이를 잘 생각해서 거래를 해야 합니다. 또한, 섬마다 무를 사고파는 가격이 다르므로 무를 비싸게 사는 섬을 찾아 판매한다면 큰 수익을 올릴 수 있습니다.

모여 봐요 동물의 숲 안에서 벨을 벌고 사용하는 경제 활동에 대해 알아봤습니다. 그런데 실제 돈이 되지 않는데 모여 봐요 동물의 숲이라는 가상공간 내에서 경제 활동이 일어나는 이유가 무엇일까요?

그것은 바로 사람들이 가상공간 내에서 좀 더 좋은 집과 물건을 갖고 싶어 하기 때문입니다. 바로 현실 세계와 마찬가지로 수요와 공급의 법칙에 따라 생산과 소비가 이루어지며 경제가 형성됩니다. 현실 세계든 가상세계든 모두 마찬가지입니다.

싸이월드에서도 홈페이지를 꾸미려면 스킨, 음악, 기타 아이템을 구매해야 합니다. 아이템들은 도토리 이용해 구매합니다. 이 안에서도 소비라는 경제 활동이 이루어지고 있는 것입니다.

과거의 싸이월드와 같은 플랫폼에서는 생산하는 역할을 개발자가 하고 소비는 이용자가 했습니다. 그러나 모여 봐요 동물의 숲과 같은 경우에는 가상 세계 안에서 이용자가 생산하고 이용자가 소비하는 구조입니다. 개발자는 공간을 제공해 줄 뿐입니다.

제페토에도 크리에이터가 아이템과 월드를 만들 수 있는 스튜디오가 있고 로블록스나 마인크래프트에서도 게임 유저들이 콘텐츠를 생산할 수 있는 작업 툴이 제공됩니다. 유저들은 이를 생산하기만 하는 것이 아니라 생산한 것을 다른 유저들에게 판매할 수 있게 되었습니다. 그리고 여기에서 벌어들인 수익은 현실 세계에서 현금화되어 유저들에게 지급되면 현실 경제와 가상 경제가 연결되는 것입니다.

오래전에 나왔던 세컨드라이프에서도 게임 유저들이 원하는 것들을 만들수 있고 판매나 교환도 이루어졌었습니다. 또한, 세컨드라이프 안에서는 '린든 달러'라는 가상화폐도 있었습니다. 그리고 린든 달러는 환전소에서 실제 달러로 교환 가능했습니다.

로블록스의 경우에도 마찬가지입니다. 게임에서 10만 로벅스(약 350달러)가 채워지면 실제 돈으로 환전이 가능합니다. 위에서와 마찬가지로 현실 경제와 가상 경제가 연결되어 있는 것입니다. 이용자의 생산과 소비가 일어나는 이런 메타버스 가상공간 안에서는 경제 체제가 존재할 수밖에 없는 것입니다. 현실 세계와 규모의 차이가 있을 뿐 디지털 가상세계 안에도 경제 시스템이 작동하고 있습니다.

경제 체제가 작동하려면 인간의 욕구가 있어야 합니다. 가상세계에서 작동하는 욕구이지만 그 욕구는 바로 현실 세계에 있는 내가 가지고 있는 욕구매니다. 인간은 끊임없이 욕구를 추구하는 존재이기에 수요가 생기고 자연히 공급이 생겨 경제 활동이 생길 수밖에 없습니다.

경제 체제가 작동하는 방식을 생각해 볼 때 우리는 화폐의 흐름이 어떻게 진행되고 있는지 살펴봐야 합니다.

블록체인에 기반하여 나온 비트코인을 예로 들어보겠습니다. 가상세계에서 비트코인을 이용해 금액을 지급하거나 아이템 등을 제작해서 팔 때 비트코인을 직접 주고받지는 않습니다. 왜냐하면 비트코인으로 직접 교환할 수 있는 것들이 거의 없기 때문입니다.

화폐는 원래 물물교환의 불편함을 덜기 위해 출현한 간편한 교환 매개물입니다. 이전에는 금본위 제도를 이용하여 그 자체로 가치를 가졌지만 화폐가 나온 이후로는 금을 이용해 물건을 교환하기는 어려워졌습니다. 금을 화폐로 교환한 후에 경제 활동이 가능해진 것입니다.

비트코인의 경우도 마찬가지입니다. 비트코인을 금이라고 생각하면 이해하기가 쉽습니다. 따라서 비트코인을 이용해 비트코인을 교환할 수 없음으로 화폐로 교환한 후 이를 다시 비트코인으로 교환해야 하는 것입니다. 그래서 현실 세계에 있는 돈이 가상화폐를 거래하는 데 들어가고 있습니다. 왜냐하면 비트코인을 사려면 현실의 돈을 입금해야 합니다. 교환소에 넣어서 그 돈을 가지고 비트코인을 사는 것입니다.

가상세계의 경제 활동 유형을 3가지로 나누어 보면 다음과 같습니다. 첫 번째, 현실 세계와 가상세계가 연결되어 상호작용하는 경제 형태가 있습니다. 그리고 두 번째, 가상세계와 가상세계 사이가 연결되는 경제 형태가 있습니다. 세 번째, 현실 세계와 연결된 가상세계에서 또 가상세계 간 거래가 이루어지고 이것이 다시 현실 세계 경제와 연결되어 순환하는 형태가 있습니다.

이제까지의 경제 활동은 현실 세계와 현실 세계 간의 실물 경제 교환 형태였습니다.

그런데 사람들이 접속의 시대에 살며 인터넷으로 연결되면서 가상세계 경제의 시대가 열리게 된 것입니다.

첫 번째와 두 번째 형태는 싸이월드를 예로 들어 설명해 보겠습니다. 첫 번째 형태는 현실 세계의 돈을 지급하여 도토리를 구매하는 현실 세계와 가상세계 경제의 상호작용이 있습니다. 두 번째 형태는 도토리를 가지고 아이템과 음악, 스킨 등을 구매하는 가상세계 안에서의 경제 활동 형태가 있습니다.

그리고 마지막 형태는 제페토를 예로 하여 설명해 보겠습니다. 제페토를 더욱 재미있게 이용하기 위해 현실 세계의 돈을 입금해 아이템을 구매하고 캐릭터와 방을 꾸밉니다. 이것은 현실 세계 경제와 가상세계 경제가 서로 상호작용한 것입니다. 그리고 제페토 스튜디오를 이용하여 아이템을 만들어 심사를 제출하고 상품으로 등록되면 아이템을 가상세계 내에서 판매할 수 있습니다. 이는 가상세계 간 경제 활동이 이루어진 것입니다. 아이템의 판매 수익으로 벌어드린 제페토 내 화폐인 젬을 다시 현실 세계의 돈으로 바꿀 수 있습니다. 그럼 이것은 가상세계 경제와 현실 세계 경제가 서로 상호작용한 것이라고 할 수 있습니다.

NFT로 만들어진 작품을 사고파는 것도 마찬가지입니다. 내가 만든 작품을 NFT로 등록하려면 NFT 민팅(minting)을 해야합니다. NFT 민팅이란 블록체인상에 기록을 남길 때 발생하는 일종의 수수료를 의미합니다. 현실의 돈을 이용해 가상세계 경제와 거래가 일어난 것입니다. 이렇게 NFT로 만든 작품을 가상세계 내에서 판매하면 작품을 마음에 들어 하는 사람이 작품을 사려고 할 것입니다. 오픈씨(OpenSea)나 디센트럴랜드(Decentraland) 안에서 NFT로 만든 작품들을 사려고 한다고 가정해 보겠습니다.

우리는 NFT로 된 작품을 살 때 현금으로 구매할 수 없습니다. NFT는 이더리움을 통해 거래가 이루어집니다. 이더리움(Ethereum)과 같은 암호화폐는 직접 채굴을 통해서도 얻을 수 있지만 이는 극소수의 전문가들만 가능한 일입니다. 따라서 일반인들은 암호화폐를 가지고 있지 않을 것입니다.

따라서 현실 세계에 있는 돈을 입금하여 이더를 구매해야 할 것입니다, 현실 세계와 가상세계 사이에 경제 활동이 일어났습니다. 그리고 나서 구매한 이더(Eth)를 이용해 NFT로 된 작품을 사야 할 것입니다. 이는 가상 경제 내에서 경제 활동이 일어났다고 볼 수 있습니다. 다시 NFT 작품의 시세가 올랐을 때 이를 원하는 사람들에게 이더로 팔고 다시 그 이더를 가상화폐 거래소에서 현금화할 수 있을 것입니다. 마찬가지로 가상세계 경제와 현실 세계 경제가 연결되어 있는 것입니다.

물론 현재 모든 메타버스 경제 활동이 3가지 가상경제 활동의 형태로 되어 있는 것은 아닙니다. 마인크래프트의 경우에는 현실 세계에서 가상세계로, 가상세계 안에서 경제 활동은 이루어지지만 가상세계 경제 활동 결과물이 현실 세계의 돈으로 환전은 안 됩니다. 이는 엄밀히 말해 가상세계 내에서만 경제 활동이 이루어지고 있다고 할 수 있습니다.

그러나 한 가지 확실한 것은 이 경제 형태의 규모가 커지고 있다는 것입니다. 지금이 가상세계 경제 활동이 시작하는 초기 단계이고, 'Play to earn'을 표방한 게임들이 점점 늘어나고 있습니다.

가상 경제가 점점 확장하고 있는 것입니다. 실상 가상 경제는 이미 와 있었을지도 모릅니다. 20여 년 전부터 리니지와 같은 게임 안에서 아이템을 실제 돈을 주고 사고 할 때부터 가상 경제는 존재했었습니다. 가상세계 안에서의 경제 활동은 글로벌 IT 기업들이 광고비로 막대한 수익을 거두어들인 일도 포함됩니다. 그동안 페이스북이나 구글과 같은 SNS나 대형 포털 사이트에서는 전 세계의 광고주들로부터 엄청난 수익을 거두었습니다.

가상세계 경제는 디지털 매체를 매개로 하여 주로 이루어집니다. 따라서 이런 가상세계 경제를 디지털 경제라고도 부를 수 있을 것입니다.

스마트폰으로 다양한 앱을 구매해 설치하고, 매월 일정한 금액을 내고 넷플릭스를 구독하여 다양한 콘텐츠를 시청하고 있는 모습들이 모두 디지털 경제인 것입니다.

그러나 이러한 종류의 디지털 경제 형태에서는 플랫폼이나 게임처럼 그 안에서 이용자들 간에 연결된 상태로의 경제 활동이 이루어지지 않으므로 크게 디지털 경제와 메타버스 사이에는 포함 관계가 없고 교집합 관계라고 할 수 있습니다. 하지만 최근 경향을 보면 지금까지 있었던 다양한 IT 관련 기술들을 메타버스로 총칭하여 부르는 경향도 있기 때문에 곧 있으면 메타버스라는 용어가 디지털 경제라는 용어도 포괄하여 부르게 될 것입니다.

로블록스 개발자 중 상위 300명은 1년 동안 10만 달러(약 1억 원) 이상 벌었다고 합니다. 개발자 1인당 평균 1천만 원 정도 수익을 거둔다고 합니다. 이것은 가상경제 체제가 이미 활발하게 작동하고 있다는 것입니다.

가상세계 경제가 앞에서 알아본 3가지 가상경제 활동 형태들이 얼마나 활발히 작동하느냐에 달려 있는데 현실 세계 경제와 가상세계 경제 간 상호작용의 정도와 가상 경제와 가상 경제 간에 얼마나 활발히 상호작용하느냐 등이 가상세계 경제 성장의 관건이 됩니다.

 예전부터 게임이나 싸이월드에 있었던 가상세계와 가상세계 사이의 경제적 상호작용은 그 안에서만 의미가 있지 현실에서는 경제 활동이라고도 하지 않았었습니다. 왜냐하면 게임 속 경제 활동이 현실 세계의 실물 경제 활동에 거의 영향을 주지 않았기 때문입니다.

 월드 오브 워크래프트 안에서 좋은 아이템을 구매하여 성을 차지하고 전투를 잘한다고 해서 개인의 현실 경제 상황에 영향을 주지 못했기 때문에 그것을 경제 활동이라고 부르지 않았던 것입니다.

 하지만 지금 개발되고 있거나 많은 유저를 거느리고 있는 메타버스 플랫폼들은 그 안에서 하는 경제 활동이 현실 경제에도 영향을 주고 있기 때문에 기존에 있던 게임들 안의 경제 활동 규모가 커지게 하고 실물 경제와 연결되게 하는 견인차 역할을 하게 될 것입니다.

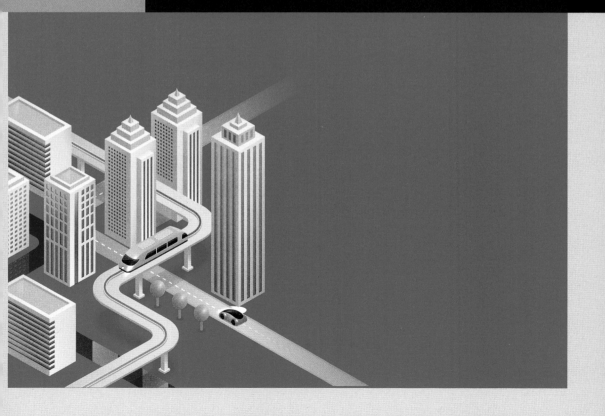

CHAPTER **4**

메타버스 시장에
참전한 기업들

메타버스 시장에
참전한 기업들

 1 | **국민은행: 이제 게더타운에서 금융 상담을 받자.**

　팬데믹 사태로 비대면 문화가 확산하며 가상세계에서 소통할 수 있는 메타버스가 급부상하고 있습니다. 은행권에서도 메타버스 플랫폼 활용을 활발히 하고 있습니다. 은행장이 직접 메타버스 플랫폼을 활용하여 회의나 연수를 운영하는 방식입니다.

　앞으로는 가상세계 안에서 금융 상담을 받고 은행 업무를 처리할 수 있는 '가상 영업점'도 생길 전망입니다.

　KB국민은행은 2021년 7월에 '게더타운'에 'KB금융타운'을 구현하였습니다. KB금융타운은 금융·비즈센터, 재택센터, 놀이공간 등 3개의 공간으로 구성하였습니다. 국민은행은 KB금융타운에서 경영진 회의나 타운홀 미팅 등을

게더타운 안에 오픈한 KB금융타운 (출처: 비즈팩트)

할 계획입니다. 지난번에는 테크 그룹 임원들과 부서장들이 참여하는 경영진 회의와 외부 업체와의 기술 미팅 등을 KB금융타운에서 열기도 하였습니다.

다른 은행들이 '메타버스'를 활용하기 위해 선택한 플랫폼이 제페토나 이프랜드처럼 3D로 구현된 플랫폼을 선택한 데 비해 KB국민은행만 다른 플랫폼을 활용해 주목받기도 하였습니다. 은행들이 지금은 비록 이미 개발되어 있는 플랫폼들을 이용하지만 최종적으로는 자사에서 만든 플랫폼으로 메타버스를 실현하기 위한 계획을 가지고 있습니다.

KB국민은행은 미국 스타트업 '게더(Gather Prescence Inc)'가 만든 '게더타운(Gathertown)' 플랫폼을 활용했습니다.

신한은행, 하나은행, BNK금융, DGB금융 등 주요 시중 은행과 지방 금융지주들이 모두 '제페토' 플랫폼에서 메타버스를 구현하고자 한 것과 대비된다고 할 수 있습니다.

KB국민은행이 이런 선택을 한 이유는 타 플랫폼들과 차별되는 게더타운만이 가지고 있는 특징 때문입니다. 게더타운은 기본적으로 화상회의 툴로 제공되는 서비스입니다. 그래서 참가자들 간 편리한 협업이 장점이라고 할 수 있습니다.

게더타운 역시 제페토나 이프랜드와 마찬가지로 자신의 개성을 살린 아바타를 꾸미고 만들어 가상세계에 참여한다는 특징은 비슷하지만 참가자들끼리 카메라를 통해 얼굴을 보며 대화를 나눌 수 있다는 점에서 강점이 있다고 볼 수 있습니다.

플랫폼 비교

★ 게더타운(출처: 게더타운)

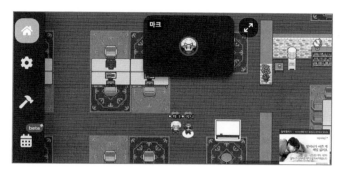

★ 제페토(출처: 제페토 앱)

★ 이프랜드(출처: 이프랜드 앱)

기존에 줌이나 팀즈도 카메라를 통해 실시간으로 얼굴을 보며 참가자들 간에 대화를 한다는 점에서 비슷하지만 이 두 화상회의 플랫폼들은 회의 내내 카메라가 켜져 있음으로 해서 참가자들 간에 피로감을 느낀다는 단점이 있었습니다. 그러나 게더타운은 다릅니다. 예를 들어 게더타운의 공간 내에서 다른 사람과 대화를 하려면 캐릭터를 이동해 상대방의 근처로 가야 합니다. 일정 영역 안에 접근하면 자동으로 카메라가 켜지면서 대화가 가능합니다. 대화를 마치고 다시 캐릭터를 상대방 캐릭터와 떨어져 이동시켜 영역 안을 벗어나 멀어지면 카메라는 자동으로 꺼집니다.

국민은행은 게더타운의 이런 기능에 주목한 것입니다. 은행 창구 상담에서 개인정보 보호는 필수적인 조건이기 때문입니다. 게더타운 공간 안에 만들어진 가상 은행 영업점에서 고객이 창구에 있는 직원 캐릭터 근처로 가면 고객과 직원은 자동으로 카메라가 켜지며 금융 상담을 받는 기능을 구현할 수 있습니다.

온라인 금융 거래가 활발해졌지만 어떤 금융 상품에 대해선 대면 업무가 필수적일 수밖에 없는 은행 영업 상황을 게더타운 플랫폼을 이용하면 실현이 가능하기 때문입니다.

게더타운에서는 룸 안에 화이트보드를 설치하여 참가자들과 함께 보며 글이나 그림으로 설명하는 것도 가능합니다. 화이트보드에 적어 놓은 내용들은 삭제하지 않는 이상 계속 남아 있기 때문에 공지사항이나 아이디어 공유에도 활용할 수 있습니다. 또한, 참가자들과 영상 자료를 공유하며 발표를 할 수도 있습니다. 그리고 프로그램을 따로 설치하지 않아도 곧바로 사이트에 접속해 입장이 가능하다는 편의성도 있습니다.

마지막으로 제페토나 이프랜드는 모두 모바일 환경에서 사용이 최적화되어 있는 반면 게더타운은 PC에서 이용이 가능하기 때문에 좀 더 편리하게 이용할 수 있다는 장점이 있습니다.

정리해서 이야기하면 게더타운에서는 고객들이 편리하게 KB국민은행 메타버스 공간에 접속해 실제 은행에 가서 창구 직원과 상담하듯이 일대일로 얼굴을 보며 대화를 하고 영상과 글, 그림과 함께 금융 상품 안내를 받을 수 있을 것입니다. 이런 게더타운의 강점들로 인해 은행권 이외의 분야에서도 이를 적극 활용하려는 기업들이 늘어나고 있습니다.

부품·소재 업체 LG이노텍은 채용 설명회를 게더타운 플랫폼에서 개최하였습니다. 이 행사에는 400여 명의 취업 준비생과 20여 명의 LG이노텍 인사 담당자가 각자 자신의 캐릭터를 움직이며 가상공간에서 카메라를 통해 만났습니다. 또한, 부동산 정보 서비스 기업 직방은 코로나19 종식 여부와 관계없이 앞으로는 모든 업무를 게더타운을 활용한 메타버스 공간에서 하겠다며 2021년 2월 오프라인 출근을 전면 폐지하기도 하였습니다.

KB국민은행이 다른 시중 은행들과 다른 플랫폼을 활용한 것은 새로운 성격의 메타버스 플랫폼 개발을 염두해 둔 것입니다. 국민은행은 2021년 안으로 고객들이 아바타를 만들어 활동할 수 있는 새로운 가상 영업 플랫폼을 개발한다는 계획을 가지고 있습니다. 가상공간 안에서 고객들은 아바타 직원을 통한 상담 서비스를 활발히 받을 수 있을 것으로 기대됩니다.

은행 영업 창구 직원과 소통하는 문제는 위와 같이 어느 정도 해결이 되었습니다. 한 가지 해결할 문제는 실제 금융 거래가 가능하도록 하는 문제입니다. 이를 해결하기 위해 인공지능 기술을 활용한 이체와 상품 서비스 가입을 테스트하는 단계인 것으로 알려졌습니다.

앞으로 가상현실 디바이스를 활용해 가상 금융 체험도 계획하고 있습니다.

로블록스(ROBLOX) 플랫폼이나 가상현실 기기(HMD)를 활용한 가상 금융 체험관 구현을 연구 중입니다.

　지방 금융사 중에는 DGB금융그룹이 메타버스 플랫폼 활용에 적극적입니다. DGB금융은 지난 2021년 8월 ESG(환경·사회·지배 구조) 경영 아이디어 공모전 발표회와 시상식을 제페토 안에서 생중계하였습니다. 지난 5월 그룹 경영진 회의를 시작으로 6월 계열사 대표들이 참석한 그룹 경영 현안회의도 제페토 플랫폼을 활용해 실시했습니다. 그리고 이프랜드에서는 지역 예술인 공연을 중계하고, 미술 전시회도 개최하였습니다. DGB금융은 앞으로 회사 운영에 메타버스 활용을 늘려 간다는 계획입니다.

제페토 내에서 진행된 DGB금융의 경영진 회의 (출처: 서울경제)

　이처럼 은행권이 메타버스 플랫폼을 활용하려고 다양한 시도를 하는 이유는 디지털 가상세계가 익숙한 미래 고객인 MZ세대를 염두에 두어서입니다. 접근의 편의성으로 인해 새로운 고객을 유치하는 데 유리하고 국내의 미개척 부분과 해외의 새로운 시장 진출에도 유리할 것이라는 전망이 나옵니다. 또한, 가상세계 경제에서 새로운 재화가 된 가상화폐나 NFT와 같은 가상 자산과 관련하여 가상세계로 금융업이 활발히 진출할 수 있는 당위성도 있어 보입니다. 이처럼 메타버스를 활용한 가상 영업점을 통해 우리는 새로운 사업 기회를 얻을 수 있을 것입니다.

 2 SKT: 디지털 트윈(Digital Twin)으로 제조 현장의 문제를 해결한다.

생김새가 똑같은 사람을 소재로 한 작품들이 많이 있습니다. 이야기로는 마크 트웨인(Mark Twain)의 《거지와 왕자》가, 영화에서는 〈광해〉가 유명합니다. 이야기나 영화에서는 생김새가 똑같아 쌍둥이 같은 두 사람들이 각기 다른 인생을 살아갑니다.

그러나 디지털 트윈(Digital Twin)에서의 쌍둥이는 위와는 조금 다릅니다. 마치 복제 인간처럼 두 가지가 같은 인생을 살아가게 됩니다. 디지털 트윈이 구현되는 원리를 알아보도록 하겠습니다.

디지털 트윈은 쌍둥이가 출생하는 과정과 비슷한 듯 조금은 다릅니다. 쌍둥이가 태어나는 순서에 차이가 있는 것과 비슷하게 디지털 트윈에서도 가상과 현실의 물건이 시간 차이를 두고 나오게 됩니다. 그러나 쌍둥이가 태어날 때 거의 동시에 세상 밖으로 나오지만 디지털 트윈에서는 가상과 현실에 물건이 나오게 되는 시간 차이가 조금은 큰 데서 차이가 있습니다.

디지털 트윈에서는 현실 세계에 존재하는 오리지널 사물이 있고, 가상세계에 존재하는 가상 사물이 있습니다. 이 둘 중 어느 것이 먼저 태어날까요? 아이러니하게도 가상 사물, 이른바 가짜가 진짜보다 먼저 태어납니다. 그리고 가상세계에서 시행착오를 거치면서 자라게 됩니다. 이러한 가상 사물에 시뮬레이션을 해봐서 효율성, 안전성 등이 검증되면 그때야 비로소 현실 세계의 쌍둥이가 태어나게 됩니다.

가상 쌍둥이의 역할은 현실 쌍둥이가 결점 없이 태어나도록 돕는 것입니다. 하지만 현실의 쌍둥이가 나오게 되었다고 해서 가상 쌍둥이의 역할이 끝난 것은 아닙니다.

가상 쌍둥이는 현실의 쌍둥이와 서로 완전히 연결됩니다. 처음에는 가상 쌍둥이가 현실 쌍둥이에게 일방적인 영향을 주었다면 이제 현실의 쌍둥이가 변하면 가상의 쌍둥이도 따라서 변하게 됩니다.

디지털 트윈은 제조, 전력, 의류, 항공, 자동차, 도시 등 산업 전반에 걸쳐서 활용되고 있습니다.

제조 분야의 예를 알아보겠습니다.

세계적인 맥주회사인 앤호이저 부시 인베브(Anheuser-Busch InBev)의 적용 사례가 있습니다. 인베브는 양조장과 공급망 전체를 완벽히 디지털 트윈으로 가상공간에 구축하고 실제 양조장이나 공급망과 동기화시켰습니다. 이를 통해 생산 과정에서 발생하는 다양한 기계 장치들 간의 관계, 양조 과정에서 발생하는 조건, 포장 과정에서 필요한 기계 가동 시간, 이산화탄소 배출 축소를 위한 운송 과정의 추적과 관리를 개선합니다. 또한, 포장 과정에서 병목 현상이 일어나는 것을 사전에 감지해 자동으로 개선하고 홀로렌즈(HoloLens)를 활용하여 디지털 트윈과 실제 작업장을 원격으로 제어하기도 하고 있습니다.

앤호이저 부시 인베브(Anheuser-Busch InBev)의 디지털 트윈 작업장 (출처: IT Chosun)

유통 분야에서도 디지털 트윈과 관련하여 최근 중소기업의 물류 창고 이동을 로봇을 활용해 진행하고 있습니다. 일반 물류 창고는 다양한 종류의 소량 제품 운반과 저장을 위한 로봇 기반 창고 운영으로 확대되고 있으며, 많은 로봇이 협업하는 시스템으로 운영되고 있습니다.

많은 로봇의 협업이 이루어지므로 100대, 많게는 1,000대 이상의 로봇이 움직이도록 해야 합니다. 이를 일일이 사람이 하기란 어렵고 다양한 오류와 착오가 생기기 마련입니다. 이때 이용되는 기술이 바로 디지털 트윈과 인공지능입니다.

여러 로봇이 함께 작업하면서 문제가 생길 만한 구역은 인공지능 기술을 통해 로봇이 다른 곳으로 가도록 하고, 이때 문제가 생길 경우 이 문제를 알아서 해결하도록 하는 시스템입니다. 빅데이터를 통해 발생할 수 있는 다양한 경우의 수를 가상의 디지털 트윈 공간에서 시뮬레이션하여 가장 좋은 해결책을 도출해 내는 것입니다.

CJ대한통운의 실제 물류창고(위)의 모습과 가상세계의 디지털트윈 창고(아래)의 모습

(출처: 서울경제)

그리고 알파고가 단기간 내에 인간이 백 년 이상 바둑을 둔 것 이상으로 성장한 것처럼 가상공간 내에서 수많은 시뮬레이션을 통한 학습 경험을 통해 짧은 기간에 많은 양의 학습을 시켜 로봇의 작업 효율성이 크게 증대될 것입니다.

KAIST와 다임 리서치(Daim Research)는 물류 창고에서 인공지능을 통한 경로 탐색, 작업 할당, 배터리 최적 관리를 통해 가상현실에서 학습을 시키고 학습된 지능을 로봇에 넣어 효율적으로 움직일 수 있도록 개발했습니다. 20만 건의 물류 처리를 성공적으로 할 수 있다는 것을 증명했습니다.

이번에는 건축과 도시 계획에 디지털 트윈이 활용된 사례에 대해 알아보도록 하겠습니다. ESRI(Environmental Systems Research Institute)에서 개발한 시티엔진이 대표적인 예입니다. 시티엔진은 아직 지어지지 않은 미래 도시의 디지털 트윈 도시를 만들어서 도시에 대해 미리 검토하는 프로그램입니다.

이 프로그램은 보스턴의 도시 개발 계획에서 활용되었습니다. 마인크래프트의 게임과 연동해서 도시에서의 각종 인명, 자연재난, 그리고 해수면이 상승할 경우를 미리 시뮬레이션해 볼 수 있습니다. 또한, 오큘러스 리프트와 같은 VR 기기와 연계해서 디지털 트윈을 통해 보스턴 도시 계획을 실행하였습니다.

다쏘 시스템의 가상 싱가포르도 디지털 트윈을 통해 도시에서 발생할 수 있는 다양한 문제점들을 분석하고 시뮬레이션을 해보며 도시 계획에 큰 도움을 주고 있습니다.

우리나라에서도 서울시에서 도시 문제 해결 시뮬레이션 '디지털 트윈 S-Map'을 구축고 세종시와 부산 에코델타시티에 디지털 트윈 구축이 진행되는 등 관련 사업이 활발히 추진되고 있습니다.

SKT는 제조업체들의 경쟁력을 제고하기 위해 디지털 트윈 어벤져스 팀을 구성하였습니다.

디지털 트윈은 현실 세계의 기계나 장비, 사물 등을 컴퓨터 속 가상세계에 구현하여 실제 제품을 만들기 전 시뮬레이션을 통해 발생할 수 있는 문제점을 미리 파악하고 이를 해결하기 위해 활용하고 있습니다. 세계 주요 국가들이 제조, 공공 등 다양한 분야에서 이를 확산시키기 위해 노력하고 있습니다.

SKT는 2021년 9월 첨단 ICT 역량을 갖춘 20개 업체·단체와 함께 '디지털 트윈 얼라이언스'를 출범하였습니다. 구독형 '디지털 트윈 서비스' 출시를 위해 사업 협력 양해각서도 체결했습니다. 디지털 트윈 얼라이언스는 공장 설비와 안전시설을 가상공간 안에 구현하고 이를 모니터링, 안전 데이터 수집과 시뮬레이션을 통한 분석 등을 통해 제조 현장에서 발생할 수 있는 다양한 문제들에 대한 해결책을 제시할 수 있을 것입니다.

우리나라에서도 디지털 트윈은 정부가 추진하고 있는 한국판 뉴딜 2.0의 디지털 초혁신 프로젝트 과제 가운데 하나입니다. 이는 제조업을 중심으로 빠르게 적용되고 있지만 초기 비용이 크게 들어가기 때문에 대기업에서나 시도해 볼 만한 것으로 여겨지고 있는 단점이 있습니다.

따라서 디지털 트윈 얼라이언스는 구독형 서비스 출시를 통해 자금 사정이 좋지 않은 중소기업들이 손쉽게 디지털 트윈을 도입할 수 있을 것입니다. 이는 기업의 생산성과 안전성을 높여 경쟁력 강화에 큰 효과를 거둘 수 있을 것으로 기대하고 있습니다.

또한, 제조업체가 짧은 기간에 적용할 수 있는 근로자 안전 서비스를 개발하고 얼라이언스 참여 업체들의 노하우를 바탕으로 제조 특화 서비스도 개발하여 다양한 업종에 적용할 예정입니다.

SKT는 이밖에도 디지털 트윈 서비스에 글로벌 최고 수준인 자사 기술인 5G와 사물인터넷 LTE Cat M1, 클라우드, 인공지능, 5G MEC(Mobile Edge Computing)를 적용해 최상의 기업 IT 서비스 운영 환경을 제공하고 있습니다.

구독형 디지털 트윈 서비스를 통해 중소기업의 경쟁력 강화를 도와 ESG 경영 실천에 큰 도움이 될 것입니다.

3 구찌(Gucci), 루이비통(Louisvuitton): 메타버스에서는 모두가 명품을 입는다.

럭셔리 브랜드들이 메타버스를 어떻게 활용하는지 알아보겠습니다. 구찌 이야기를 해보겠습니다. 이탈리아 럭셔리 패션 브랜드로 1921년 설립된 구찌가 올해 설립 100주년을 맞이해서 재미있는 시도를 해 이슈가 되었습니다.

미국의 메타버스 게임 업체 로블록스와 제휴해 게임 안에 구찌 공간이라는 가상공간을 마련했습니다. 가상공간에서의 구찌 가든을 통해 구찌 브랜드 홍보를 하면서 리미티드 에디션으로 제작된 게임 아이템을 제공하는 것입니다.

로블록스 플레이어가 구찌 가든 안으로 들어가면 캐릭터가 마네킹 인물로 변화합니다. 이동하면서 마네킹들은 아이템을 획득하듯 전시된 물품들을 착용해 나가게 됩니다. 실제로 구찌 매장에서 판매하는 제품들이 전시되어 있기 때문에 더 관심이 가게 되는 것 같습니다.

쇼파와 조형물들도 구찌 디자이너들이 직접 만들었다고 합니다.

로블록스 내에 구현된 구찌 가든 (출처: ZD NET Korea)

이렇게 코로나19 장기화로 오프라인 패션쇼를 열기 어려워지면서 메타버스와 피지컬 쇼를 활용하는 패션 브랜드가 늘고 있습니다.

오프라인에서 명품 브랜드들이 소수의 VIP 마케팅을 중시하는 것과 달리 가상세계에서는 보다 많은 사람이 자사 아이템을 많이 구매하거나 장착하도록 권하고 있습니다.

거리 두기로 인해서 메타버스 플랫폼을 이용하는 소비자들이 늘면서 명품으로 꾸민 아바타의 시각적 효과, 바이럴 마케팅(Viral Marketing) 효과도 더욱 커지고 있습니다. 대표적인 메타버스로 손꼽히는 3D 아바타 플랫폼 제페토는 전 세계 Z세대들의 새로운 놀이터로서 빠르게 성장하고 있습니다. 제페토 이용자들은 이곳에서 현금으로 충전에서 얻은 젬이나 코인 등을 활용해 유명 브랜드 옷이나 신발 등을 구매해 자신의 아바타에 입힐 수 있다고 합니다. 특히 현실에서는 가격이 너무 비싸서 사기 어려운 명품들을 제페토에서는 훨씬 저렴한 가격에 구매할 수 있습니다.

제페토 활용에 최근 가장 적극적인 브랜드는 구찌입니다. 구찌는 올 2월에 제페토와 손을 잡고 '구찌 빌라'라는 공간까지 만들어서 그곳에서 아바타가 자유롭게 상품을 보고 입어볼 수 있게 하였습니다.

캐릭터로 구찌 아이템을 쇼핑하는 곳에 가보겠습니다. 원피스, 스커트, 신발, 가방까지 착용할 수 있습니다. 유럽의 한 구찌 매장에 와 있는 것 같은 느낌이 듭니다. 현실 세계에 있는 이탈리아 피렌체를 배경으로 꾸몄다고 합니다.

제페토 내에 구현된 구찌빌라의 모습 (출처: 제페토 앱)

가상현실 속에 구찌 매장을 두고 아바타가 자사 상품을 직접 착용해 볼 수 있도록 하는 일종의 고객 체험 마케팅은 확실히 젊은 소비자들의 눈길을 사로잡는 오락적 기능이 큰 것 같습니다. 메타버스에서도 명품에 대한 리셀(Resell) 열풍을 엿볼 수 있습니다. 로블록스에서 한정판으로 출시된 구찌 디오니서스 디지털 전용 가방은 4,115달러(약 465만 원)에 재판매되기도 했습니다.

이번에는 발렌시아가(Banenciaga)입니다. 발렌시아가의 2021년 가을·겨울 컬렉션은 비디오 게임 형태로 공개됐습니다. 바로 'The Afterworld: The Age of Tomorrow'를 주제로 2031년의 미래를 그리며 발전한 도시와 이질적인 디스토피아 세상, 정글과 기사 등 신화적인 서사를 담았습니다. 플레이어는 화살표 모양의 반짝이는 경로를 따라 걸으면서 5개의 구역을 탐험합니다.

발렌시아가 부티크(boutique)를 시작으로 버려진 콘크리트 구조물, 어두운 숲을 지나 바위 절벽 꼭대기에 도착해 바위에 박힌 검을 뽑고 지는 해를 보며 걸으면 게임은 끝이 납니다. 사용자들은 이런 여정을 지나면서 가상 모델이 입은 가상의 옷을 구경하게 됩니다.

모델이 런웨이를 걷고 관객은 구경만 하는 형태의 그냥 보기만 하는 패션

필름이 아니라 직접 모델의 주위를 둘러보며 마음껏, 그리고 입체적인 앵글에서 옷을 구경할 수 있는 장점이 있습니다.

자체 플랫폼을 선보인 브랜드도 있습니다. 바로 버버리입니다. 버버리는 윈드서핑 레이싱 게임 'B-surf'를 출시했습니다. 이곳에서 게임 캐릭터가 버버리 옷을 입고 경주를 합니다. 버버리(Burberry)는 메타버스 게임을 활용한 디지털 마케팅에 힘쓴 결과 체크무늬로 대표되는 전통적인 올드함을 벗고 젊은 이미지를 얻는 데 성공할 수 있었습니다.

인기 게임을 활용해 패션쇼를 선보이는 사례도 있습니다. 작년 5월 팬데믹이 한참이었던 시기, 해외 명품 패션 브랜드 발렌티노와 마크 제이콥스는 신상품을 모여 봐요 동물의 숲을 통해 선보였습니다. 코로나19로 인해 온라인 패션쇼 개최가 어려워진 가운데 패션 브랜드가 신상품을 게임을 통해 선보이면서 온라인 패션쇼와 같은 모습을 보여 준 것입니다.

동물의 숲에서는 캐릭터에게 원하는 의상을 만들어 입히고 또 외모를 꾸밀 수 있는데, 두 브랜드는 이를 활용해 패션쇼를 재현한 것입니다. 이처럼 유명 브랜드가 제페토, 동물의 숲과 같은 메타버스 플랫폼에 주목하는 이유는 앞으로 명품 시장의 주 소비층이 미래의 소비 잠재력을 갖고 있는 Z세대들이기 때문입니다.

메타버스에서 명품 브랜드들이 타깃으로 삼은 계층은 바로 게임을 즐기는 1020세대입니다. 럭셔리 브랜드의 잠재적 소비자라고 할 수 있는 1020세대에서 브랜드 인지도를 빠르게 높이는데 이 같은 메타버스 마케팅이 바이럴(Viral) 효과를 높이면서 큰 도움이 된다고 판단한 겁니다.

10여 년 전만 해도 온라인 판매 자체도 보수적으로 접근했던 럭셔리 브랜드들이라 이들의 행보는 환골탈태 같다는 생각이 듭니다.

가상세계와 새로운 부의 창출

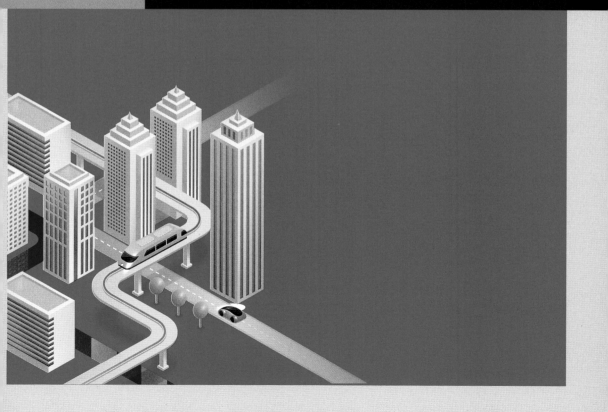

CHAPTER 05

가상세계와
새로운 부의 창출

 1 **어스2: 이제는 강남 말고 메타버스에 카페를 개업하라.**

2021년 제페토 내에서 '청춘 커피 페스티벌'이 열렸습니다. 코로나19의 확산으로 인해 대면 행사를 통해 만날 수 없는 상황을 고려해 처음으로 가상 공간 제페토 안에 무대를 마련했습니다. 10월 4일~10월 10일 1주일간 동서 식품, 엔제리너스, 파스쿠찌(Pascucci), 이디야커피 총 4개 브랜드 카페에서 보물찾기, 미로찾기 게임, 인증샷 찍기 등 다양한 행사가 열렸습니다. 청춘 커피 페스티벌 주제관의 맵에 만들어진 미로를 가장 빠르게 통과한 이용자에게는 돌체구스토(Dolcegusto)와 롯데뮤지엄 티켓 등을 주는 이벤트가 열렸습니다.

이렇게 가상세계 안에서 사람들은 커피를 마시며 소비하는 것이 아닌 커피와 관련된 가상세계 문화를 소비하는 상황이 되었습니다. 머지않아 강남이 아닌 메타버스에 카페를 개업할 날이 올지도 모르겠습니다.

제페토에 문을 연 2021 청춘, 커피 페스티벌에 참여한 아바타들이
인증샷을 찍는 장면 (출처: 한경 경제)

　카페를 개업한다고 하였을 때 목이 좋은 곳에 차리면 그곳의 땅값이 비싼
대신 손님이 많이 와서 장사가 잘될 것입니다. 그러면 다시 그곳 땅값은 더욱
오르게 되는 결과를 가져올 것입니다.

　현실 세계의 땅과 건물과 같은 부동산은 위치, 선호도 등에 의해 각각 가
격이 다릅니다. 이 같은 원리를 가상세계에 구현해 놓은 플랫폼이 있습니
다. 바로 '어스2'라는 플랫폼입니다. 어스2(Earth2)는 2020년 11월 호주 출신
의 개발자 셰인 아이작(Shane Isaac)이 구글의 위성지도 서비스인 구글어스
(Google Earth)를 기반으로 개발한 가상 부동산 거래 서비스입니다.

　MapBox 기술로 구축되어 있고 지구 전체가 총 5조 1,000억 개의 토지 타일
(10m×10m)로 나누어져 있습니다. 어스2는 메타버스 관련 기술의 발달 상황
에 맞추어 총 3단계(페이즈1~3)에 걸쳐 진화할 예정입니다.

　어스2 플랫폼 개발진 중 볼프강 워크(Wolfgang Walk)가 있습니다. 그는 어
스2 개발에 참여하기 전에 아노(Anno)라는 도시 시뮬레이션 게임을 개발한
이력을 가지고 있습니다. 아노 게임은 심시티(Simcity)와 유사한 방식의 게임

입니다. 개임 제목인 'Anno'는 라틴어로 '연(年)'을 의미합니다. 직접 도시를 제작하고 자원을 교역하는 등 도시를 개발하고 키워가는 시뮬레이션 게임입니다. 참고로 아노는 다양한 버전의 게임이 출시되었습니다. 중세 시대를 기반으로 한 '1800'과 미래 시대를 기반으로 한 '2070' 등이 있는데 연도의 각 자릿수를 모두 더하면 9가 된다는 재미있는 공통점이 있습니다.

아노 1404 게임 장면 (출처: 아노 1404 게임 공식 홈페이지)

아노 게임의 공통점은 항해 탐사로 섬을 차지해 철, 돌, 나무, 비단 등 다양한 자원을 채취한 뒤 섬 사이의 무역을 통해 부족한 자원 문제를 해결하고, 주민들을 만족시키는 것이 주목적인 시뮬레이션 게임이라는 것입니다.

어스2 세계 내의 자원은 아노 게임을 만든 볼프강이 구현했기 때문에 어스2의 페이즈(Phase)1에 이것이 적용된 것입니다.

나타니엘은 어스2의 페이즈3 개발에 적용될 VR 기술 적용을 맡았습니다. 그는 드론이라는 게임을 개발한 이력을 가지고 있습니다. 드론은 아노와 마찬가지로 원하는 지형을 만들 수 있는 공통점을 가지고 있습니다. 아노와 다른 점은 드론에서는 자원이 존재하지 않아서 이에 구애받지 않고 건물이나 지형을 원하는 데로 만들 수 있다는 것입니다.

나타니엘(Nathaniel Doldersum)이 구현하고자 한 것은 자신이 만든 건물이나 지형을 유저가 움직이면서 다양한 각도로 볼 수 있도록 하고자 하는 것입니다.

페이즈3에서 VR 기기를 착용하고 어스2에 접속한다면 유저가 움직일 때 보게 되는 시야대로 건물이나 도로, 지형, 물건 등을 볼 수 있을 것입니다.

대표적인 VR 기기인 오큘러스 개발자인 서딜런(Dillon Seo)도 페이즈3에 적용될 VR기술에 대한 자문을 맡았습니다.

어스2에서는 다양한 건물들을 직접 지을 수 있습니다. 유저들은 마트, 콘서트장, 동호회장 등을 가상세계 내에 자유롭게 만들 수 있는 것입니다. 가상세계 안에 마트를 지어 거기에서 아바타 친구와 쇼핑을 하고, 블랙핑크와 같은 아이돌의 콘서트를 열 수도 있습니다. 그리고 취미와 관심사가 같은 사람들끼리 가상공간 동호회장에서 모임을 갖는 등 다양한 활용이 가능합니다.

이는 로블록스가 유저들에게 자유롭게 게임을 만들 수 있게 터를 제공해 주고 유저들은 본인의 스튜디오에서 여러 가지 게임을 만들어 즐길 수 있도록 해주는 것과 마찬가지입니다. 어스2 안에 접속한 유저들이 도로를 통해 자신이 만든 건물에 쉽게 접근할 수 있게 해주고, 다른 유저들이 여러 가지 활동을 즐길 수 있도록 가상공간을 꾸밀 수 있는 것입니다.

그리고 여기에서도 경제 활동이 이루어질 수 있습니다. 예를 들어 타일(땅)을 구매하여 콘서트를 할 수 있는 건물을 지어 놓고 엔터테인먼트사들에게 홍보를 할 수 있을 것입니다. 블랙핑크가 어스2에 지어진 콘서트장에서 콘서트를 치르고자 한다면 유저는 임대 수익을 올릴 수 있을 것입니다. 그리고 계약 조건에 따라 콘서트 수익의 일부를 얻을 수 있는 등의 가상세계 경제 활동이 이루어질 것입니다.

또한, 제조업을 하는 업체가 유저가 지은 마트에 입점해 장사를 할 수도 있습니다. 그리고 어스2에 온라인 가상 사무실을 만들어 회사 업무를 진행하는 등 이곳이 새로운 경제 활동의 장이 될 수 있습니다.

앞으로 업그레이드될 어스2에는 환경과 생물도 추가될 예정입니다. 그렇게 되면 더욱 활발한 경제 활동이 이루어질 수 있을 것입니다. 그러면 어스2의 업데이트 단계인 페이즈에 대해 자세히 알아보겠습니다. 현재의 어스2는 페이즈1 단계에 있습니다.

페이즈1은 어스2가 가상 부동산 역할을 하는 것입니다. 페이즈2로 가기 위해 어스2 안에 있는 타일을 구매하는 단계입니다. 어스2의 타일은 국가나 위치마다 가격이 다릅니다.

페이즈2는 페이즈1에서 구매한 타일 위에 다양한 자원을 이용해서 도로, 건물 등을 건축하는 단계입니다. 현재 이 단계는 가능하지는 않지만 구현 중입니다. 구매한 타일에는 자원이 숨겨져 있고 추후 이를 거래할 수 있을 것입니다.

페이즈3은 VR 기기나 AR 기술을 이용해 어스2 내의 가상공간 안에서 활동하는 단계입니다.

페이즈1에 대한 설명입니다. 페이즈1에서는 두 가지 방법으로 수익을 올릴 수 있습니다. 각각 Land Value와 LIT(Land Income Tax)입니다.

Land Value는 저가에 타일을 구매하여 고가에 판매하는 시세 차익에서 얻어지는 수익을 말합니다.

LIT는 소유한 타일 가치에 따른 세금인데 쉽게 말해 배당되는 소득을 의미합니다. 타일은 클래스별로 배당 소득이 다르게 들어옵니다. 클래스(Class)는 총 4단계로 되어 있습니다. 클래스는 타일의 국가와 위치, 자원에 따라 달라집니다.

먼저 어느 국가의 타일이 얼마나 많이 매수되었느냐에 따라 클래스가 결정됩니다. 클래스의 등급이 높을수록 세금인 LIT가 다른 클래스에 비해 더 많이 들어옵니다. LIT는 소유하고 있는 타일이 속한 국가의 신규 타일이 매수될 때마다 들어오게 됩니다.

타일이 판매된 세금이 최소 0.01달러가 되면 수익이 들어오게 됩니다. LIT로 수익을 많이 올리려면 타일을 많이 갖고 있고 좋은 나라의 랜드마크를 먼저 선점하는 사람이 유리합니다. 가지고 있는 타일의 클래스가 높을수록 더 많은 수익을 거둘 수 있는 것입니다.

페이즈2가 되면 다양한 자원들을 이용하여 도로, 건물 등을 짓는다고 하였습니다. 그렇다고 해서 신규 타일 구매가 불가능한 것은 아닙니다. 그러나 페이즈2에서는 주로 페이즈1에서 구매한 타일에서 자원을 채굴하거나 도로, 건물을 만들어서 마지막 단계인 페이즈3에서 활동할 기반을 만든다고 생각하면 쉽습니다.

현재 어스2에서 자원은 현실 세계에서와 같이 물(Fresh Water), 모래(Sand), 석회암(Limestone), 철광석(Iron ore), 나무(Wood), 석탄(Coal), 석유(Oil), 금(Gold) 등이 매장되어 있습니다. 타일 하나의 크기는 100제곱미터로 평수로 따지면 대략 30평 정도입니다. 현실 세계에서와 같이 타일의 개수가 많을수록 자신이 원하는 다양한 건축물을 세울 수 있는 기회가 늘어날 것입니다.

페이즈3는 VR과 AR 기술을 접목시킨 혼합현실 기술을 적용하여 영화 〈레디플레이어원〉처럼 완전 몰입형 가상현실 체험이 가능한 단계입니다. 내가 지은 건물을 이용해서 콘서트를 열거나 마트를 운영하거나 사원이 근무하는 회사 사무실을 만드는 등의 경제 활동을 하려면 가상세계에서 다른 사람들과 교류할 수 있어야 가능한 일입니다.

이를 실현시키기 위해 혼합현실 기술을 이용해서 본인이 직접 만든 건물이나 지형에서 여러 사람과 만나고 소통할 수 있도록 해주는 것입니다.

그렇다면 AR 기술은 어스2에서 어떻게 적용될까요? 유저가 타일을 산 곳에는 가상세계 내에서 위치합니다. 즉 좌표가 존재합니다. 이 위치는 가상 지구와 쌍둥이인 실제 지구의 위치와 같습니다. 타일에 다양한 자원들을 이용하여 원하는 건물을 만들고 그 위치에 가서 어스2에 접속해서 AR 기술을 활용하면 현실 세계에 어스2 내의 건물과 도로가 추가되어 이를 이용하는 것이 가능하게 됩니다.

예를 들어, 유저가 서울 강남의 한 위치에 타일을 가지고 있고 이 타일에 지형을 만들고 카페를 개업한 후 동물을 배치해 놓는다고 가정해 보겠습니다. 사람들이 이 위치에 와서 AR기기에 접속한다면 유저가 만들어 놓은 지형, 카페, 동물을 보고 실제로 이와 교류할 수 있다는 이야기가 됩니다.

또한, 어스2에서 유명한 관광 명소가 있는 타일에 한글 박물관을 지었다면 외국인들이 이곳에 놀러와 박물관을 견학하고 우리의 자랑스러운 문화인 한글을 알릴 수 있게 되는 것입니다.

그러면 어스2에서 타일을 구매하는 방법에 대해 알아보겠습니다.

먼저 earth2.io에 접속하여 화면 가입과 로그인을 위한 우측 상단의 LOG IN/SIGN UP 버튼을 누릅니다.

이메일 주소를 이용하여 가입 후 로그인을 합니다.

홈페이지에서 왼쪽 상단의 BUY LAND를 눌러 매입할 토지를 탐색합니다.

구매하려는 타일을 눌러 선택해 주면 화면 아래에 구매와 관련한 정보가 나옵니다. 이때 타일은 750개까지 구매할 수 있습니다. 화면의 아래에서 정보 확인 후 BUY NOW를 눌러 구매를 진행합니다.

최근 한국의 한 마케팅 회사에서도 어스2와 비슷한 가상 부동산 플랫폼인 '세컨 서울'이라는 서비스를 오픈하였습니다. 서울을 타일로 나누어 사전 신청을 받았는데 서비스 신청 시작 하루 만에 모든 타일이 마감될 정도로 반응이 폭발적이었습니다.

디지털 가상세계 메타버스의 영토는 제한이 없기 때문에 앞으로 가상 부동산 시장 규모는 크게 성장할 것입니다.

 2 **디센트럴랜드, 샌드박스: 블록체인 기술이 적용된 메타버스 플랫폼이 나왔다.**

싸이월드 안에는 가상화폐 도토리가 있었습니다. 그리고 로블록스 안에도 로벅스라는 가상화폐가 있습니다. 도토리는 가상세계의 화폐이며 이를 현실 세계에서 현금화할 수는 없습니다. 하지만 로블록스 개발자가 10만 로벅스를 모으면 이를 현실 세계의 돈으로 현금화가 가능합니다. 얼핏 보면 가상 경제와 현실 경제가 연결되어 상당히 완성도가 높은 메타버스 경제 체제로 보이지만 여기에서 한 단계 더 나아간 가상경제 체제 내의 화폐가 있습니다. 바로 블록체인 기술을 활용한 가상 화폐입니다.

이러한 블록체인 기술을 활용한 게임 플랫폼들에 대해 자세히 알아보겠습니다. 대표적인 플랫폼으로 디센트럴랜드(Decentraland)와 샌드박스(THE SANDBOX)가 있습니다.

디센트럴랜드에 대해 자세히 알아보겠습니다. 전체적인 포맷은 로블록스와 비슷합니다. 나의 개성을 살린 아바타를 만들어서 디센트럴랜드 안을 돌아다닐 수 있습니다. 재미있는 공연과 미술품을 감상하고 게임도 하고 경매에도 참여할 수 있습니다. 그리고 다른 사람들과 교류할 수도 있습니다.

앞에서 나온 어스2 플랫폼도 땅을 사고판다는 점에서 비슷하지만 어스2가 현재 페이즈1에서 단순히 땅을 사고파는데 그치는 것에 비해 디센트럴랜드는 땅도 사고팔고 그 안에서 다양한 활동을 할 수 있다는 데 차이가 있습니다.

최근 토큰스닷컴의 자회사인 '메타버스그룹'은 디센트럴랜드 패션 스트리트 구역에 61만 8,000마나(MANA)에 116토지(Parcel)를 매입했습니다. NFT 형태로 판 이 토지는 6,090제곱피트(약 170평) 정도의 면적에 해당됩니다.

MANA는 디센트럴랜드에서 쓰이는 가상화폐이며 실제로 전자화폐거래소에 상장된 코인으로 실제 현금화가 가능합니다. 1MANA의 가치는 2021년 6월 10일 기준으로 813원입니다.

2019년, 2020년에 1MANA의 가치는 약 100원 정도였던 것이 8배로 가치가 올라간 것입니다. 한때 MANA의 가치가 10배까지 올라갔던 적도 있습니다.

이번에 거래된 토지 거래 금액은 그동안 디센트럴랜드에서 가장 비싸게 거래된 규모보다 2배가 넘는 가격으로 약 243만 달러(약 29억 원)에 해당하는 어마어마한 금액입니다.

디센트럴랜드는 플랫폼이 출시되기 전부터 땅을 판매하기 시작하였습니다. 가상의 디지털 세계의 가장 큰 강점은 현실 세계와 다르게 크기에 한계가 없다는 점입니다. 이 강점은 반대로 가상 부동산 시장을 형성하는 데에 있어서는 큰 약점으로 작용합니다. 다이아몬드와 금이 비싼 이유는 희소성이 있기 때문입니다. 하지만 무한정으로 가상공간 내에서 땅이 공급된다면 사람들은 굳이 비싼 돈을 내고 서로 땅을 차지하려고 하지 않을 것입니다.

디센트럴랜드는 공간의 크기에 제한이 없는 가상세계에 희소성을 만들기 위해 플랫폼 내의 땅(LAND)을 9만 개로 한정시킵니다. 땅 한 칸을 parcel(16m×16m)이라고 합니다. 살 수 있는 땅의 개수가 9만 개로 한정되다 보니 수요와 공급의 원리가 작동하게 되었습니다. 많은 사람이 사고 싶어 하는 지역의 땅값이 높아지게 되는 것입니다.

랜드 한 개의 평균 가격은 2019년 평균 780달러, 2020년 894달러, 그리고 2021년 2,700달러로 우리 돈 300만 원에 달할 정도로 가격이 올랐습니다.

현재 디센트럴랜드 안에서 사람들이 많이 모이는 곳들이 생겨나고 있습니다. 카지노와 벽돌 깨기와 같은 게임을 즐길 수 있는 곳, 쇼핑을 할 수 있는 곳 등 여러 군데가 각기 테마를 가지고 형성되고 있습니다. 마치 우리나라에 대도시 집중 현상이 생기는 것과 세종특별시가 도시 계획을 세울 때 생활권별로 테마를 정한 것이 연상됩니다.

따라서 앞으로 이렇게 사람들이 많이 모이는 지역의 땅은 가격이 크게 오를 것으로 예상됩니다.

디센트럴랜드 게임 장면 (출처: 디센트럴랜드)

디센트럴랜드의 땅은 open sea라는 NFT 마켓에서도 거래가 가능합니다. 이는 디센트럴랜드의 땅이 이더리움 형태로 저장되어 있는 NFT 블록체인 기술에 기반하고 있기 때문입니다. 가격이 300만 원대에서 1,000만 원대까지 가격대가 다양한 것을 알 수 있습니다. 또한, 랜드 가격은 변화 폭이 매우 큽니다. 비트코인으로 거래되는 MANA 가상화폐의 가격 변동에 따라 땅 가격도 영향을 받기 때문입니다.

허허벌판의 땅을 산 사람들은 작품, 대체 불가능 토큰인 NFT를 개발하고 소유할 수 있습니다. 유저들은 NFT를 이용하여 독특한 디지털 아트를 만들고 디센트럴랜드의 가상 아트 갤러리를 통해 판매하거나 MANA를 이용하여 구매할 수 있습니다. 그리고 땅 위에다 주택이나 상점을 짓고 이용자들에게 보상을 받는 등의 경제 활동을 할 수 있습니다. 여기서 거래되는 것이 모두 고가의 NFT는 아니며 수요에 따라 몇천 원에서 수천만 원에 이르기까지 다양한 가격으로 거래되고 있습니다. 따라서 아이템들을 수집해서 시세 차익을 이용한 재테크를 할 수도 있습니다.

건물이나 물건을 만드는 방식도 사용자 중심으로 간편해지고 있습니다. 예전에는 로블록스가 루아(Lua) 언어를 이용하여 오브젝트를 코딩하는 것처럼 크리에이팅 작업을 하였는데 지금은 여러 가지 GUI 방식으로 원하는 재화를 드래그하여 작업하는 방식으로 바뀌었다고 합니다.

이번에는 디센트럴랜드를 이용하는 방법에 대해서 알아보겠습니다. 웹 기반으로 실행되기 때문에 간단히 이용할 수 있습니다. 접속 절차는 크게 2단계입니다. 우선 온라인 지갑 메타마스크(Meta Mask)를 설치합니다. 그런 다음 메타마스크를 디센트럴랜드와 연동시키고 플랫폼에 접속합니다.

메타마스크는 1,000만 명이 넘는 사람들이 이용하고 있는 암호화폐 지갑입니다.

디센틀럴랜드는 일반 게임과 다른 블록체인 방식을 기반으로 한 게임이기 때문에 회원 가입을 통해 계정을 생성하는 것이 아니라, 범용 암호화폐 지갑인 메타마스크를 설치해서 디센트럴랜드와 연동시키는 것입니다.

암호화폐 지갑인 메타마스크가 아바타 계정 역할을 하는 셈입니다.

더 샌드박스(THE SANDBOX)라는 게임도 블록체인 기술을 기반으로 한 게임 플랫폼입니다.

더 샌드박스는 디센트럴랜드와 비슷한 점이 많습니다. 더 샌드박스에서는 복스에딧(VoxEdit)을 제공하고 있습니다. 이를 이용해 자동차, 비행기 등의 복셀 아이템(Voxel Item)과 캐릭터를 이용자가 직접 만들 수 있습니다. 그리고 아이템을 직접 거래할 수 있는 '마켓플레이스'를 제공하여 가상 경제 활동을 할 수 있습니다. 이 아이템에는 블록체인 기술이 적용되어 NFT로서 다른 이용자와 거래를 할 수 있습니다. 또한, 아이템의 희소성과 수요에 의해 가치가 변동되어서 시세 차익을 통해 수익도 거둘 수 있습니다. 또한, 아이템들을 활용해 게임을 제작할 수 있는 게임 메이커도 제공하고 있습니다.

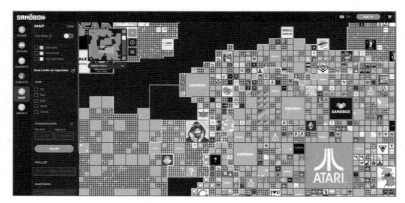

더 샌드박스의 지도 중 일부 (출처: 더 샌드박스)

　더 샌드박스의 땅도 디지털 가상세계에서의 희소성을 부여하기 위해 개수가 한정되어 있습니다. 앞에서 디센트럴랜드는 땅의 개수를 9만 개 정도로 한정시켰다면 더 샌드박스에서는 16만 6,000개 정도로 한정시켜 놓았습니다. 디센트럴랜드의 땅이 1parcel당 평균 300만 원 정도였고 MANA라는 암호화폐로 거래되었다면 더 샌드박스에서는 게임 이름과 같은 '샌드박스'라는 암호화폐를 이용해 땅을 거래합니다.

　2021년 11월 기준으로 더 샌드박스의 땅은 평균 1,600만 원 정도에 거래되고 있습니다. 참고로 게임 내에서 이용 가능한 샌드는 약 30억 개가 한정되어 발행되어 있고 1샌드당 약 7,930원 정도의 가치를 가지고 있습니다.

　제페토나 오픈씨에서도 미래 가치를 내다보고 이곳에 땅을 구매하였습니다. 게임사 아타리(Atari), 스눕독, 워킹데드, 게어베어, 크립토키티 등 165개 이상의 브랜드가 이미 파트너십을 맺고 자신들의 세계와 캐릭터를 메타버스 내 복셀 에디터(VoxelEditor)를 이용해 3D 버전으로 제작하고 있습니다.

　이런 기업들이 투자한 땅의 근처의 땅값이 올라가고 있다고 합니다. 마치 서울의 대기업 회사 건물들이 밀집한 곳과 같이 땅값이 오르고 있는 것입니다. 현실 세계의 경제 원리가 가상세계에서도 적용되는 것입니다.

샌드박스에서도 마켓플레이스를 제공하고 있습니다. 이용자들이 구매한 NFT 자산은 전자지갑에 보관하였다가 언제든 필요한 게임에 사용할 수 있습니다.

이 외에 다른 블록체인 기반의 게임이 있습니다. 바로 사토시 게임즈에서 개발한 라이트 나이트라는 게임입니다. 게임을 플레이하며 유저들이 상대 유저에게 데미지를 입힘으로써 비트코인을 얻을 수 있는 방식의 게임입니다. 데미지를 입게 되면 비트코인을 잃게 됩니다. 플레이어가 죽게 되면 전리품을 획득할 수도 있고 계속 살아서 버틸 경우 이것을 상점에 팔수도 있습니다. 만약 아이템이 떨어졌는데 이를 아무도 가져가지 않으면 그 아이템은 사라지게 됩니다. 또한, 비트코인을 이용해 마켓에서 각종 아이템들을 NFT 방식으로 사고팔 수 있습니다. 당연히 아이템들의 가격은 비트코인 시세에 따라 수시로 변동되게 되어 있습니다.

이제까지 블록체인 기술이 적용된 메타버스 게임 플랫폼들에 대해 살펴보았습니다. 이 플랫폼들의 공통점은 이용자들의 자율도가 높은 게임 플랫폼이라는 점입니다. 예전의 게임처럼 게임 개발사가 중앙 운영 방식으로 운영하는 것이 아니라 유저들이 플랫폼 내에서 아이템, 게임을 만들고 암호화폐를 이용하여 그 안에서 가상세계 경제 활동을 하는 것입니다.

또한, 게임을 플레이하고 아이템을 만들고 판매하는 가상 경제 활동이 현실 세계에서의 경제 활동과 연결된다는 특징이 있습니다. 가상 경제 활동으로 암호화폐를 얻어 현실의 자산 형성에 도움이 된다는 의미입니다.

그리고 현실 세계의 사람들이 각각 직업을 가지고 사회에 공헌하듯이 블록체인을 기반으로 한 게임 플랫폼 안에서도 각자 맡은 역할에 따라서 경제 활동에 참여한다는 점도 공통점입니다. 각자 자신이 잘하는 방식으로 경제 활동을 하고 있다는 이야기입니다. 예를 들어 플랫폼 안에서 땅을 구매하고 그 위에 건축물을 지어 가상 부동산 임대업을 한다거나 게임 플레이에 소질이 있는 사람들은 어느 팀의 멤버로 협조하여 비트코인을 벌 수 있을 것입니다. 또 어떤 이용자들은 아이템 디자인에 관해 능력이 뛰어나 가상의 아이템 제작을 통해 경제 활동에 참여할 수 있을 것입니다.

블록체인 기반 메타버스 플랫폼은 앞으로 더욱 발전할 것입니다. 하지만 우리가 여기에 섣불리 투자하기 전에 몇 가지 생각해 볼 문제가 있습니다.

첫째는 현재 디센트럴랜드와 더 샌드박스의 토지를 개인 단위로 구매하는 것이 일반적입니다. 그러나 더 샌드박스의 예에서 볼 수 있듯이 여러 거대 기업들이 메타버스 플랫폼 내의 부동산에 투자하기 시작하였습니다. 앞으로 이런 경향이 심화되면서 거대 자본이 들어와 부동산, 아이템들을 대부분 구매하게 된다면 개인들이 참여할 기회는 줄어들 것입니다.

동네의 슈퍼마켓이 거의 사라지고 현재는 편의점 가맹점들이 빼곡하게 들어선 것과 같은 일이 가상세계에서도 일어날지 모릅니다.

두 번째는 이 안에서 이용하는 암호화폐의 가격 변동성이 너무 커서 안정적인 자산으로 가지고 있기 부담되는 것이 사실입니다. 암호화폐의 가격 변동에 따라 땅값이 심하게 오르락내리락 하고 있습니다. MANA, 이더리움, 샌드박스와 같은 가상화폐의 가격들이 수시로 변함에 따라 땅값도 수시로 변하고 있습니다.

이러한 어려움들이 있지만 그래도 한 가지 확실한 것이 있습니다. 점점 더 많은 사람이 가상 경제 활동에 참여하고 있다는 점입니다. 앞으로 가상 경제 활동 규모는 현실 세계 경제 활동의 규모를 능가할지도 모르는 일입니다.

 3 **포트나이트: 메타버스 세계에서 아리아나 그란데(Ariana Grande)의 콘서트를 즐긴다.**

메타버스에 엔터테인먼트 산업의 진출이 늘어나면서 가상공간을 무대로 한 공연이 활발히 이루어지고 있습니다. 코로나19의 확산을 계기로 많은 사람이 한 자리에 모이는 대면 콘서트가 어려워진 엔터네인먼트 업계에서는 스타들이 가상세계 안에서 아바타로 등장해 가상세계에 접속한 사람들을 대상으로 공연을 펼치고 있습니다.

이의 대표적인 사례로 포트나이트 게임 안에서 대규모 콘서트가 열렸던 일이 있습니다. 2020년 4월 미국 레퍼 트레비스 스캇(Travis Scott)이 포트나이트 공간 안에서 에스트로노미컬(Astronomical)이라는 이름의 가상 콘서트를 열었었습니다. 코로나19 펜데믹 이후, 트레비스 스캇의 공연과 같이 게임 안에서 진행하는 이벤트에 대한 기대 심리가 높아졌습니다, 트레비스 스캇 공연의 대성공과 더불어 다양한 성과가 확인되어 2021년에도 이러한 시도가 계속되고 있습니다.

트레비스 스캇은 콘서트에서 자신의 신곡까지 새로 공개하며 관객들의 폭발적 호응을 얻었습니다. 포트나이트 플레이어들은 자신의 아바타로 게임 내 마련된 가상 스테이지에 참여해 공연을 즐겼습니다.

트레비스 스캇의 포트나이트 콘서트 장면 (출처: 에픽게임즈)

트레비스 스캇은 이 공연에 대하여 "현실적인 제약에 구애받지 않고 세상을 마음대로 꾸미는 듯한 무대를 선보일 수 있었다."라며 만족감을 표했습니다.

약 2,770만 명의 플레이어들이 콘서트를 관람했으며, 동시 접속자 수는 최대 1,230만 명이었습니다. 또한, 이 공연은 녹화되어 총 4,580만 조회 수를 기록했으며, 트레비스 스캇의 유튜브 공식 계정에 올라온 영상은 7,700만 조회 수를 기록하는 등 스캇의 가상 콘서트는 포트나이트 안에서 벌인 이벤트 역사상 가장 큰 성과를 거두었습니다.

공연은 현실에서는 구현하기 어려운 연출과 함께 시작되었습니다. 3D로 랜더링(rendering)된 스캇의 대형 아바타가 하늘에서 등장하는 등의 화려한 공연이 펼쳐졌습니다. 공연은 총 5회에 걸쳐 진행되었습니다. 3일 동안 매회 9분씩 공연이 이루어졌습니다. 트레비스 스캇은 이 공연으로 2,000만 달러의 수익을 벌어들였습니다. 총 공연 시간으로 따지면 45분 정도의 시간 동안 막대한 수익을 거둔 것입니다.

수익성 면에서는 이번 온라인 공연이 오프라인 공연보다 더욱 높았습니다. 2019년 트레비스 스캇이 에스트로월드(Astroworld) 투어로 거둔 수익은 총

5,350만 달러(약 590억 원)이었습니다. 이때 거두어들인 하루 평균 수익은 약 170만 달러였습니다. 이번에 벌어들인 수익 2,000만 달러를 3일로 나누어 보면 약 700만 달러이므로 오프라인 공연 때보다 4배 이상의 수익을 거두었다고 할 수 있습니다.

트레비스 스캇의 공연은 엔터테인먼트 업계와 게임 업계의 콜라보레이션이었다는 데 의의가 있습니다. 대면 콘서트 개최가 어려워졌기 때문에 엔터테인먼트 업계에서는 공연 실황을 실시간으로 중계해 주는 기술을 이용한 방법이 최선의 대안으로 여겨지고 있었습니다. 원래 유튜브와 같은 동영상 플랫폼을 통해 실시간으로 공연을 중계하는 방법이 일반적이었으나 포트나이트 내에서 트레비스 스캇의 공연이 성공을 거둔 것을 기점으로 게임 플랫폼 안의 가상공간에서의 공연 기획이 새로운 트렌드로 자리 잡고 있습니다.

이는 펜데믹으로 사람들이 집에 머무르는 시간이 많아지고 게임에 접속하는 시간이 많이 늘어난 현상을 잘 이용한 결과라고도 볼 수 있습니다. 게임 업계도 이번 기회를 통해 엔터네인먼트 플랫폼으로 부상하기 위한 기회를 잡기 위해 분주히 움직이고 있습니다. 포트나이트는 트레비스 스캇의 공연을 진행하기 전 2019년 2월에 EDM 프로듀서이자 DJ로 인기를 얻고 있는 마시멜로(Marshmello)의 인게임 콘서트를 개최해 성공을 거둔 적이 있습니다.

2020년 5월에는 파티 로얄 출시 기념 프리미어 이벤트를 진행하였습니다. '파티로얄'은 기존 배틀로얄(Battle Royale)과는 다르게 사용자들이 자유롭게 어울리며 즐거운 시간을 보낼 수 있는 새로운 소셜 공간입니다. 파티로얄에는 다양한 장소들이 존재합니다. '빅스크린 원형극장', '메인 스테이지'에서는 음악을 즐기며 편하게 쉴 수 있는 3D 소셜 공간입니다. '플라자(Plaza)'는 '파티로얄' 커뮤니티의 중심지로, 그래플링 건이나 완충 패드 등 기존 인기 아이템들과 물감총 같은 새로운 아이템을 얻을 수 있는 자동판매기를 이용할 수 있습니다. 이를 기념해 유명한 DJ 겸 프로듀서 스티브 아오키와 역시 DJ 겸 프로듀서인 딜런 프란시스, 캐나다 출신의 유명 프로듀서이자 뮤지션인 데드마우스 등이 출연해 메인 스테이지에서 라이브 공연을 펼쳤습니다.

최근에는 게임 플랫폼인 로블록스에서도 포트나이트처럼 음악 공연 이벤트가 펼쳐지고 있습니다. 로블록스는 2020년 4월 세계보건기구 지원을 위한 온라인 콘서트 '원 월드: 투게 더 앳 홈(One World: Together At Home)'을 게임 내 가상 극장에서 개최하였습니다.

또한, 2020년 10월에는 미국의 팝스타 아바 맥스(Ava Max)가 새 앨범 출시 기념 콘서트를, 같은 해 11월에는 인기 힙합 뮤지션인 릴 나스 엑스(Lil Nas X)가 새 싱글의 최초 공개 이벤트를 로블록스 안에서 개최했습니다. 특히 릴 나스 엑스의 공연은 가상공간의 장점을 살려 모션 캡처, 물리 기반 렌더링, 안면 인식 등의 기술을 적용한 화려한 효과를 더해 현실 세계에서 구현하기 힘든 공연을 펼쳤고 총 3,300만 이상의 조회수를 기록할 정도로 성황리에 마무리되었습니다.

릴 나스 엑스가 개최한 로블록스 콘서트 장면 (출처: 매일경제)

이번에는 포트나이트 공간 안에서 팝스타 아리아나 그란데의 투어 무대가 개최되었습니다. 2021년 10월 7일~9일 아리아나 그란데의 리프트 투어가 진행되었습니다. 공연은 트레비스 스캇의 공연과 마찬가지로 3일 동안 총 5회에 걸쳐 진행되었습니다. 이번 공연은 따로 티켓 비용이 없이 포트나이트 사용자라면 누구나 무료로 관람할 수 있도록 한 것이 특징입니다.

아리아나 그란데의 콘서트 장면 (출처: 여성신문)

아리아나 그란데의 리프트 투어 무대는 마시멜로와 트레비스 스캇 공연 성과를 훨씬 뛰어넘었습니다. 조회 수가 무려 7,800만 이상을 기록하였다고 합니다. 이제는 뉴노멀이된 게임과 음악 산업의 콜라보레이션, 게임과 다른 산업과의 콜라보레이션도 활발히 진행될 것으로 기대됩니다.

4   NFT: 블록체인 기술로 실물보다 더 비싼 가상세계 예술품을 만든다.

디지털 가상화폐인 비트코인이 세상에 나와 거래가 된 지 약 12년이 흘렀습니다. 많은 시간이 흘렀지만 아직까지 비트코인으로 현실 세계의 물건을 자연스럽게 구매하는 단계로 변하지는 못하였습니다.

비트코인을 이용해 현실 경제에서 최초로 이루어진 거래는 피자 두 판이었습니다. 2010년 5월 18일 미국 플로리다주에 살던 프로그래머 라스즐로 핸예츠는(Laszlo Hanyecz) 인터넷 비트코인 포럼에 피자 두 판을 배달해 주면 1만 비트코인을 주겠다는 글을 올렸습니다. 라스즐로 핸예츠가 피자 두 판 배달의 대가로 제안한 1만 비트코인은 2021년 기준 시세로 2,200만 달러(약 247억 원)에 달합니다. 피자 한 판을 123억 5,000만 원이나 주고 산 것입니다. 이리하여 라스즐로 핸예츠는 세상에서 가장 비싼 피자를 사 먹은 사람이 되었습니다.

이때 라스즐로 핸예츠는 피자를 직접 만들어 자신의 집으로 배달해 줘도 되고, 피자집에 주문을 한 뒤 대신 돈을 내주기만 해도 좋다고 하였습니다. 그리고 그는 단지 비트코인으로 음식을 사 먹을 수 있는지 알고 싶을 뿐이라는 이야기를 하였습니다. 결국 가상화폐인 비트코인이 가상세계가 아닌 현실 세계에서도 통용될 만큼의 가치를 지녔는지 확인해 보기 위한 일종의 모험이었습니다.

라스즐로 핸예츠가 피자 두 판의 대가로 제시한 1만 비트코인의 가치는 2010년 당시 41달러에 불과했습니다. 당시 피자 두 판의 시세는 약 30달였습니다. 단순히 가치만을 놓고 비교해 봤을 때 피자 두 판을 주문해 주고 1만 비트코인을 받으면 11달러나 벌 수 있는 기회였습니다. 그러나 당시 비트코인은 그 전에는 현실 세계에서 물건을 사는 수단으로는 한 번도 사용된 적이 없는 불확실성을 갖고 있었습니다. 비트코인을 받는다고 해도 이게 자산으로서 가치를 갖는지 알 수 없었기 때문에 모두들 망설였습니다.

그래서 당시 대부분 사람은 비트코인으로 피자를 주문하는 이 거래가 실패할 것이라고 예상하였습니다. 하지만 라스즐로 핸예츠가 글을 올린 지 불과 3일 만에 라스즐로 핸예츠는 거래를 성사시켰습니다. 응답자가 1만 비트코인을 받고 피자 두 판을 결제해 핸예츠에게 보냈습니다. 글을 올린 사이트에 거래가 성사된 인증샷으로 피자를 먹기 위해 손을 뻗고 있는 사진을 올린 것입니다.

코인 업계에서는 비트코인을 이용해 최초로 현물 거래를 성공한 이날을 기념해 매년 5월 22일을 '비트코인 피자 데이(Bitcoin Pizza Day)'로 정했습니다.

이후 비트코인의 가치는 2010~2017년 동안 약 54만 배 폭등했습니다. 비트코인의 총 발행량이 2,100만 개로 정해져 있는데, 유통량이 일정 기준을 넘으면 채굴 가능한 양도 줄어들고 희소성이 높아지기 때문입니다.

2021년 현재는 다양한 메타버스 플랫폼들을 이용한 가상세계 경제 규모가 커지면서 비트코인과 같은 암호화폐를 이용한 경제 활동도 더욱 활발해지고 있습니다.

이번에는 NFT로 된 디지털 작품이 거래된 사례를 이야기해 보겠습니다.

그림을 그린 주인공은 그라임스(Grimes)라는 사람입니다. 그녀는 도지코인 발언으로 유명한 일론 머스크의 부인이기 때문에 더욱 화제가 되었습니다.

이 작품은 총 10개로 이루어져 있습니다. 작품 중 한 점의 모습은 다음과 같습니다. 지구가 그려져 있고 그 위에 날개 달린 아기가 막대기를 들고 떠 있는 모습이 그려져 있습니다. 이 작품 이름은 'WarNymph'입니다. 워님프는 새로운 창세기의 여신입니다. 구시대의 죽음, 새로운 탄생의 의미를 가지고 있습니다. 디지털 영상에 자신이 만든 음악 작품을 섞어서 디지털 작품의 소유권을 판매한 것입니다. 경매에 내놓은지 불과 20여분 만에 580만 달러(한화 약 65억 원)에 거래가 성사되었습니다. 바로 디지털 그림의 소유권을 판매한 것입니다.

그라임스의 디지털 컬렉션 〈War Nymph〉에 수록한 동영상 작품 중 일부분 (출처: 조선일보)

이 작품을 산 사람은 소유권만 구매한 것입니다. 원본 파일에 대한 소유권을 산 것이 아닙니다. 그러나 대신 그 소유권은 다른 사람들에게 되팔 수 있습니다. 소유권에 대한 가치가 높아지면 차익으로 돈을 벌 수 있는 것입니다.

그렇다면 이런 생각이 들 수 있습니다. 인터넷을 이용해 간단히 검색을 하면 누구나 쉽게 볼 수 있는 작품을 사면 의미가 없는 것은 아닌지 하는 고민입니다.

NFT는 'Non Fungible Token'의 약자로 대체 불가능한 토큰이라는 의미를 지니고 있습니다. 이 세상에서 딱 하나만 있다는 것을 인증받는 것입니다.

NFT로 만들어진 작품 자체가 암호화폐와 같은 디지털 자산이 되는 것입니다. 여기서 '대체 불가'라는 의미를 살펴보겠습니다. 우리가 쓰는 화폐는 대체가 가능합니다. 내가 가지고 있는 1,000원권 한 장과 친구가 가지고 있는 1,000원권 한 장은 다른 물건이지만 가치가 같기 때문에 상호 교환이 가능합니다. 암호화폐도 마찬가지입니다. 내가 가지고 있는 1이더리움과 다른 사람이 가지고 있는 1이더리움의 가치가 같기 때문에 서로 등가 교환이 가능합니다.

만약 제가 자유롭게 그림을 올려서 인터넷에 올린다고 했을 때 그 그림의 가치는 레오나르도 다빈치의 그림들과 가치가 다릅니다. 이런 의미로 대체 불가능하다는 용어를 사용하는 것입니다. 결국 작품은 각각 가치가 다 다릅니다.

더 쉽게 설명하면 제가 작품을 그려 인터넷에 올렸다고 했을 때 작품에 고유한 코드값을 부여합니다. 그리고 그 코드값을 블록체인 기술을 이용해 저장하는 것입니다. 그 작품의 소유권을 사고팔 때마다 소유권과 거래 가격과 같은 것들이 기록되는 것입니다. 이런 NFT 제작은 대표적인 암호화폐 중 하나인 이더리움 기술 방식을 활용해 진행한다고 합니다.

대표적인 가상인 암호화폐는 개당 같은 가격이지만 NFT 기술을 이용하면 저장된 토큰들의 가치가 각각 달라 희소성 있는 예술작품, 아이템 등을 블록체인상에서 저장할 때 쓰입니다. NFT는 원작자에 대한 개념을 확인시켜 주기 때문에 희소성을 가지게 해 작품의 가치를 간직하게 해줍니다.

최근 NFT 예술품 거래량은 갈수록 늘어나고 있습니다. 2021년 1월에만 1,200만 달러 규모의 NFT가 거래가 되었으며 디지털 아티스트 비플(본명:

Michael Jos eph Winkelmann)의 작품이 무려 785억 원에 거래되기도 하였습니다.

　간단히 말해 이미지 파일 하나에 대한 소유권이 785억 원의 가치를 갖는다는 것입니다.

785억 원의 가치를 갖는 비플의 NFT 작품 〈Everydays: The first 5000days〉
(출처: 뉴데일리경제)

　테라버츄아(Terra Virtua)는 NFT를 활용한 디지털 미술품 거래를 할 수 있는 마켓 플레이스입니다. 거래는 이더로 이루어지기 때문에 이를 이용하기 위해서는 가상화폐 지갑을 만들어 신용카드로 충전한 후 이용하거나 이더리움을 이용하여 결제를 진행해야 합니다. 일반 작품과 달리 실물이 없는 디지털 콘텐츠이기 때문에 자신이 가지고 있는 NFT 작품을 전시할 수 있는 공간이 필요합니다. 테라버츄아에서는 아트 갤러리에 자신만의 전시장을 만들 수 있으며, 이를 또 공유하고 판매도 할 수 있어 가상 경제 활동이 활발히 일어날 수 있습니다.

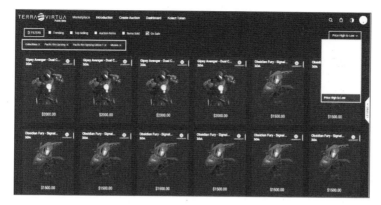

테라버츄아 사이트에 전시된 NFT 작품들 (출처: 테라버츄아 사이트)

　패션 업계에서도 트랜드에 민감하기 때문에 빠르게 NFT를 적용하였습니다. 2019년 네덜란드 패션 기업 The Fabrificant는 세계 최초로 블록체인 기반의 드레스인 'Iridescence'를 공개하고 소유권을 NFT 소유자에게 전적으로 넘기기도 하였습니다.

　고유성에 큰 가치를 두고 있는 명품 패션 시장에서도 NFT 시장에 뛰어들기 시작했습니다. NFT가 대상 하나하나의 고유 객체라는 존재감을 나타낼 수 있어서 실제 명품보다 희소성 면에서 더욱 우위에 있기 때문에 명품 브랜드들이 NFT 시장에 눈을 돌리기 시작한 것입니다.

　럭셔리 브랜드 구찌에서는 메타버스 플랫폼 제페토 내에 구찌 빌라를 구현하여 의상을 구경하고 피팅은 물론 원하는 옷을 소유하는 것까지 가능하도록 했습니다. 최근에는 가상공간에서 아바타가 든 구찌 가방이 465만 원에 팔리기도 하였습니다.

　루이비통과 까르띠에(Cartier), 프라다(Prada)도 블록체인 플랫폼 아우라 컨소시엄을 구성해 NFT 시장에 진출하였습니다. 아우라는 NFT 기술을 활용해 모조품 유통을 방지하고 제페토나 로블록스와 같은 메타버스 플랫폼 내에서 제품을 판매할 수 있는 방법을 연구하고 있습니다.

루이비통은 창립 200주년을 기념으로 한 프로젝트로 NFT를 기반으로 한 '루이: 더 게임'을 출시하였습니다. 이 게임에서는 주인공이 가상세계에서 초를 얻으면 루이비통 고유의 NFT를 지급받습니다. 또 현실에서 신을 수 있는 한정판 신발은 마니아 사이에서도 가치를 인정받는 대상이기도 합니다.

나이키와 많은 협업 스니커즈(Sneakers)를 선보이며 화제를 모았던 제프 스테이플(Jeff Staple)은 최근 NFT 기술을 활용한 디지털 스니커를 제작하기도 하였습니다. 이름은 '메타 피죤(Meta Pigeon)'입니다. 높은 가격에도 불구하고 희소성에 매력을 느낀 소비자들에 의해 모두 매진되었다고 합니다.

이렇게 NFT 기술에 사람들이 열광하는 이유는 무엇일까요? 바로 NFT 기술로 가지게 된 소유권은 위조하거나 복제할 수 없어서 안전하다는 장점이 있기 때문입니다. 만약 앞의 그 작품을 사게 되면 어떤 기분이 들까요. "아, 이 위대한 디지털 아티스트의 작품을 내가 소유하다니" 이런 뿌듯함과 보람을 느낄 수 있습니다.

두 번째로는 유명한 디지털 예술가의 작품은 소유권을 구매하는 순간 반드시 시세 차익을 거둘 수 있다는 확신을 가지게 해준다는 점입니다.

180만 명의 팔로워를 보유한 유명 디지털 아티스트 비플의 작품인 Crossroad의 가치가 2020년 10월에는 약 7,500만 원이었는데 2021년 2월 약 74억 원으로 불과 4개월 만에 100배의 가치로 올랐습니다. 2020년에 구매해서 다시 판매한 사람은 막대한 수익을 얻은 것입니다.

77억 원에 팔린 비플의 비디오 아트 〈Crossroad〉의 한 장면
(출처: 크립토아트 공식홈페이지)

그라임스의 작품에 대한 사람들의 기대도 만만치 않습니다. 남편인 일론 머스크의 스페이스X 사업이나 뉴럴링크(Neuralink) 연구 사업이 잘된다면 작품의 가치는 천정부지로 솟아오를지도 모릅니다.

이런 작품들은 Nifty Gateway와 같은 사이트에서 구매할 수 있습니다.

여러분들도 NFT로 작품을 만들어 판매할 수 있습니다. 오픈씨, 크립토펑크(Cryptofunks)와 같은 사이트에서 쉽게 사고 팔 수 있습니다.

일반적인 방법은 다음과 같습니다. 먼저 가상화폐 지갑을 만들어 사이트에 등록해야 합니다. 다음으로 자신이 만든 작품을 디지털화하는 작업을 합니다. 마지막으로 작품의 가격과 로열티(royalty)를 정합니다. 예를 들어 10%를 로열티로 설정하였다고 가정해 보겠습니다. NFT 작품을 판매하면 판매한 가격만큼 수익을 얻습니다. 다시 작품을 구매한 사람이 다른 사람에게 그 작품을 되팔았을 때 그 판매가의 10%가 나에게 로열티로 들어오게 되는 것입니다. 이 로열티는 거래가 이루어질 때마다 계속 발생합니다.

레어러블 같은 경우 판매할 때 수수료로 2.5% 정도를 받는다고 합니다.

여러 상황에 응용하여 사용할 수 있는 재미있는 사진이나 그림을 밈이라고 합니다. 이러한 밈과 관련한 NFT 거래가 활발히 이루어지고 있습니다.

대표적으로 니안켓 밈(Nyan Cat meme)이 있습니다. 이 밈은 약 6억 6,000만 원에 판매되었다고 합니다.

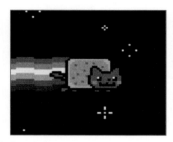

Nyan cat 밈의 모습 (출처: Foundation NFT거래소 공식 홈페이지)

이외에도 크립토키티(CryptoKitties)라는 것이 있습니다. 다양한 고양이 모습이 있고 종류에 따라 가격도 다릅니다. 드래곤 종류는 약 10억 원에 거래가 되었다고 합니다. 새로운 자산의 인정 수단인 NFT 기술을 통해 가상세계 생산 활동이 더욱 활기를 띠게 될 것입니다.

약 1억 8,000만 원에 거래된 크립토키티 (출처: The Verge)

5 네이버: 주식시장의 기린아 메타버스에 투자하라.

우리나라의 메타버스는 해외의 메타버스와 결이 좀 다릅니다. 해외 메타버스가 주로 VR 기기나 AR 기술을 구현하는 첨단 기기 중심으로 주목받고 있다면 우리나라의 메타버스는 제페토나 이프랜드, 게더타운과 같이 가상세계 안에 나의 아바타를 꾸며 만들고 아바타를 조종하여 활동하는 류의 메타버스 플랫폼이 주목받고 있습니다.

우리나라에서는 메타버스 플랫폼 중 제페토가 가장 널리 알려져 있습니다. 앞의 장에서 많은 기업이 제페토와 제휴하여 막대한 자금을 투자하고 있다고 하였습니다.

네이버의 자회사 가운데 '네이버Z'라는 회사가 있습니다. 바로 이 네이버Z에서 제페토 플랫폼을 개발하여 운영하고 있습니다. 제페토는 여러 가지 면에서 세계적인 메타버스 플랫폼으로 성장할 가능성이 큽니다.

현재 누적 유저가 2억 명을 돌파하였습니다. 이 플랫폼 이용자의 90%가 해외 이용자이고 80%가 MZ세대이며 주로 10대가 이용하고 있다고 합니다. 3D로 구현된 아바타와 월드를 이용해 세계 여러 나라 사람들과 소통할 수 있는 플랫폼입니다. 따라서 앞으로 세계적인 플랫폼으로 성장할 가능성이 매우 큽니다.

대형 엔터테인먼트 기업들이 수익을 창출할 가능성을 보고 앞다투어 투자하고 있습니다. 1995년 이후에 태어난 Z세대가 이용하는 글로벌 플랫폼인 제페토를 이용해 아이돌을 홍보하고 소속 가수들을 모티브로 한 아이템을 판매할 수도 있습니다.

예를 들어 JYP엔터테인먼트 소속 아티스트 트와이스의 댄스 퍼포먼스를

3D 아바타로 구현한 영상이 제페토에 공개되자 일주일 만에 조회 수가 170만 회를 넘어섰습니다.

오프라인에서 힘들게 장소를 잡고 공연을 기획하지 않아도 전 세계 Z세대들에게 트와이스를 홍보할 수 있었던 것입니다. JYP에서는 트와이스를 방탄소년단처럼 세계적인 아티스트로 만들기 위해 공을 들이는 것입니다.

유저들은 메타버스 플랫폼에서 명품들을 사서 자신의 아바타를 치장하는 데 사용합니다. 구찌, 루이뷔통, 버버리도 가상세계에서 명품을 팔고 있습니다. 이렇게 국내 메타버스 선두주자 네이버는 2021년 7월 현재 시총 3위를 기록하고 있습니다. 네이버는 메타버스로 다른 기업에 우위를 선점하겠다는 목표를 가지고 있습니다.

하지만 2021년 말에 들어서자 우리나라도 플랫폼 중심의 메타버스 산업에서 첨단 장비를 활용한 메타버스 산업으로 무게 중심이 점차 옮겨 가고 있습니다. 여기에 해당하는 기업들은 다음과 같습니다. 삼성전자, 페이스북, 애플, 마이크로소프트, 소니, 뷰직스, 구글, 애플, 네이버가 해당됩니다. 게임 산업 쪽 유망 기업은 로블록스, 닌텐도, 포트나이트가 있고 메타버스에 많은 자금을 투자하여 성장 가능성이 있는 기업으로는 빅히트, 마인크래프트, YG 엔터테인먼트가 있습니다.

'백견불여일행(百見不如一行)'이라고 하였습니다. 메타버스가 화두가 된 초기 단계인 지금 다양한 메타버스 플랫폼, 게임, 기기 등을 직접 체험해 보고 이에 대한 정보를 찾아보는 것을 추천합니다.

6 **'Pay to Win'에서 'Play to Earn'으로 사고를 바꾸자!**

　최근 게임을 대하는 사람들의 패러다임(paradigm)이 바뀌고 있습니다. 그동안 우리는 게임을 더욱 재미있게 즐기기 위해 아이템을 구매하고 게임에 대한 이용료를 기꺼이 지급했습니다. 그러나 요즘에는 이처럼 게임을 즐겁게 하기 위해 돈을 쓰는 것이 아니고 게임을 하며 돈을 벌 수 있는 게임들이 나오기 시작하였습니다.

　가상 경제와 현실 경제가 연결되어 가고 있는 지금의 흐름과 일치하는 방향입니다. 우리는 이러한 게임들을 'play to earn 게임'이라고 통칭하여 부릅니다.

　'play to earn'에 대해서 자세히 알아보도록 하겠습니다. 일단 'play to earn' 게임 속 재화들은 모두 NFT 블록체인 기술을 기반으로 하여 만들어집니다. 사람들이 안심하고 경제 활동을 하기 위해 소유권을 입증할 수 있는 디지털 자산 형태의 오브젝트로 구성되는 것입니다. 게임 속 건물이나 의상, 무기 등의 아이템들도 전부 NFT 기술을 기반으로 만들어집니다.

　플레이어들은 게임을 통해 아이템들을 얻고 난 후, 마켓플레이스에서 코인으로 교환할 수 있습니다. 이렇게 얻게 된 코인은 가상화폐거래소를 통해 현실 경제의 돈으로 현금화 할 수 있습니다.

　'play to earn' 게임에서 더 많은 수익을 얻는 방법은 능력치가 좋은 캐릭터나 아이템을 가지고 게임에 참여하는 것입니다. 기존의 게임에서도 경험치를 쌓고 레벨업을 통해 캐릭터의 능력치를 키우거나 아이템을 구매하는 일을 했었습니다. play to earn 게임과 차이점이 있다면 기존 게임에서 구매한 아이템이나 얻은 포인트는 그 게임의 세계관 안에서만 사고팔 수 있었습니다. 그러나 'play to earn' 게임에서는 게임 안에서 획득한 아이템과 코인을 현실 세계에 현금화하여 그대로 가지고 올 수 있게 되었습니다.

하지만 우리나라에서는 현재 이러한 일들이 금지되어 있습니다. 게임 산업 진흥에 관한 법률 28조에서는 "게임머니의 화폐 단위를 한국은행에서 발행되는 화폐 단위와 동일하게 하는 등 게임물의 내용 구현과 밀접한 관련이 있는 운영 방식 또는 기기·장치를 통하여 사행성을 조장하지 아니할 것"으로 명시되어 있습니다. 그리고 이 법의 32조에서는 "누구든지 게임물의 이용을 통하여 획득한 유·무형의 결과물을 환전 또는 알선하거나 재매입을 업으로 하는 행위"를 금지하고 있습니다. 따라서 현재 이러한 'play to earn' 게임은 관련 규제가 없는 해외에서 인기를 끌고 있습니다.

'play to earn' 게임에는 어떤 것들이 있는지 알아보겠습니다. 최근에 가장 주목받고 있는 'play to earn' 게임은 '엑시인 피니티(Axie Infinity)' 게임입니다. '엑시(Axie)'라고 하는 게임 내 몬스터를 구매해 던전을 돌며 다른 플레이어의 엑시와 대결을 통해 이기면 스무스러브포션(SLP)을 얻게 됩니다. 이 SLP는 코인 거래소에서 현금화할 수 있습니다.

성장한 엑시끼리 교배를 통해 새로운 종의 엑시가 태어날 수도 있습니다. 그리고 성장 과정에 따라 희소성이 있어 가치가 높은 엑시가 되기도 합니다. 이 엑시는 NFT 블록체인 기술을 기반으로 나오고 거래될 수 있습니다.

교배 횟수가 많이 나와 새로운 엑시를 많이 만들 수 있고 희소성이 있는 엑시의 가치는 더욱 올라가게 됩니다. 그리고 엑시 인피니티 게임에서 일일 테스트에 참여하게 되면 SLP 코인을 받을 수 있습니다. 현재 이 게임은 전 세계적으로 대략 3만 명 정도의 사용자를 확보하고 있습니다.

이 그래프를 그려주시면 감사하겠습니다.

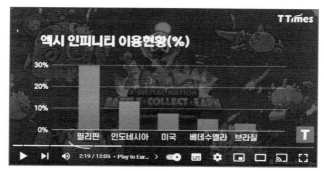

(출처: 유튜브 T Times)

　코로나19로 일자리를 잃은 필리핀 사람들은 '엑시인피티니티'를 이용해 경제 활동을 하는 사람들이 생겨나고 있습니다. 한 달에 70만 원에서 많게는 100만 원까지도 벌었다는 이야기도 있습니다. 그래서 필리핀에서는 생계를 위한 게임으로 자리 잡고 있습니다. 한 필리핀 사람은 엑시인피니티에 대해 마치 일하는 것처럼 게임을 하고 있다고 하였습니다. 그리고 엑시인피니티 게임을 하며 돈을 벌려면 그만큼 그 게임에 노력을 기울여야 하기 때문에 항상 전력을 다해 플레이 한다고 하였습니다. 마치 직업을 위한 일에 게이미피케이션의 원리가 접목된 것과 같은 대목입니다.

엑시 인피니티 게임 (출처: PAXNet news)

엑시인피니티는 새로운 분야의 산업을 창출하기도 하였습니다. 엑시인피니티를 처음 시작하기 위해서는 최소 3마리의 엑시가 있어야 합니다. 이러한 엑시는 돈을 지급하고 구매해야만 합니다. 엑시 한 마리에 수십만 원 이상 하며 3마리를 구매하여 게임을 시작하기 위해서는 100만 원 이상의 비용이 필요합니다.

이 비용이 부담되는 사람들을 위해 엑시를 대여해 주는 사업도 등장했습니다. 처음 이용하는 플레이어에게 게임 시작에 필요한 세 마리의 엑시가 있는 계정을 제공해 주고 플레이어는 게임을 이용해 돈을 벌어 초기 대여금을 갚는 방식입니다.

엑시인피니티 게임에서 영감을 받아 2021년 10월 말 블록체인 기반의 메타버스 게임 플랫폼 디센트럴게임즈의 'ICE 포커'가 10월 말 출시될 예정입니다. 전통 포커와는 다르게 NFT를 활용해 이용자가 무료로 포커를 플레이하고 수익을 창출할 수 있는 새로운 방식을 도입했다고 합니다.

두 번째 'play to earn game'은 더 샌드박스입니다. 더 샌드박스는 로블록스 게임에 블록체인의 기술을 접목하였다고 생각하면 이해가 쉽습니다. 더 샌드박스도 로블록스처럼 플레이어들이 다양한 게임을 개발해 등록하고 다른 플레이어들과 함께 게임을 즐길 수 있도록 만든 메타버스 게임 플랫폼입니다. 이용자들이 직접 건물, 아이템의 오브젝트들을 만들고 게임을 개발하는 것이 이 게임이 인기 있는 비결입니다.

더 샌드박스는 크게 세 가지로 구성되어 있습니다. 게임을 만들 수 있는 게임 메이커, 건물이나 아이템을 제작할 수 있는 복셀 에디터, 아이템을 사고 팔 수 있는 마켓 플레이스입니다.

플레이어들은 복셀 에디터에서 만든 아이템을 마켓플레이스에서 판매하여 수익을 거두기도 하고, 가지고 있는 땅으로 임대 수익을 내기도 합니다. 그리고 게임을 개발해서 수익화하기도 합니다.

국내에서는 게임 안의 아이템을 현금화하는 일 등이 금지되어 있다고 했습니다. 그러나 국내 게임사 중에서도 'play to earn game'을 출시한 곳이 있습니다. 바로 위메이드(WEMADE)입니다. 위메이드는 'play to earn' 게임 미르4를 전 세계 170여 개국에 출시했습니다. 단 우리나라에는 법적인 사정상 이 블록체인 기술을 제외하고 게임을 출시하였습니다.

미르4 게임 (출처: 매일경제)

미르4 플레이어들은 게임 내 광물인 흑철(Darksteel)을 채굴해 드레이코(Draco)라는 코인으로 교환할 수 있습니다. 흑철 10만 개를 채굴하면 드레이코 코인 1개로 교환할 수 있고, 드레이코 코인은 가상자산 위믹스(Wemax)와 교환할 수 있습니다. 드레이코와 위믹스의 교환 비율은 매번 달라지지만 현재는 1위믹스에 0.7~0.9드레이코입니다.

이 위믹스는 암호화폐 거래소 빗썸(bithumb)에서 매매를 통해 현금화할 수 있습니다. 2021년 10월 26일 기준으로 1위믹스는 4,355원이었으나 2021년 11

월 27일 1위믹스는 26,000원까지 치솟았습니다.

미르4에서는 플레이어들이 게임에서 흑철을 채굴한 만큼 수익을 얻을 수 있는 게임입니다. 여기서 흑철을 채굴하는 행위나 흑철 자체에 NFT 기술이 적용되어 있지는 않지만 이것을 교환하는 과정에서 블록체인 기술을 활용한 것입니다.

위메이드의 미르4는 NFT 기술이 적용된 게임 캐릭터와 아이템도 유통할 계획을 가지고 있습니다. 그러면 더욱 'earn to play' 게임의 특징에 가까워지게 될 것입니다.

엑시인피티니티와 미르4 이외에도 다양한 'play to earn' 게임들이 등장하고 있습니다. 최근에 이러한 게임들이 주목받는 이유에 대해 알아보겠습니다. 메이플 스토리를 예로 들어 온종일 시간과 노력을 투자하여 달팽이 껍데기를 모아 게임 내의 아이템을 사기 위해 했던 노력은 사실 현실 세계 경제 활동으로 연결되지 않는 단순 노동에 불과한 것이었습니다. 그러나 앞의 두 게임은 플레이어들이 게임 안에서 한 노동이 현실 세계에서 가치 창출로 연결되기 때문에 보람과 성취감을 더욱 느낀다고 할 수 있습니다.

이전의 게임들은 이용자들이 게임 회사가 개발해 놓은 대로만 게임을 즐길 수 있었습니다. 게임을 이용하기 위해 이용자들은 입장료에 해당하는 돈을 내야 하는 경우도 있었습니다. 그리고 게임을 통해 얻은 수익은 모두 개발사가 가져갔습니다.

예를 들어, 게임을 더욱 재미있게 하기 위한 아이템 등을 현금으로 사고 난 후, 이후에 이 아이템들은 다시 되팔 수가 없었습니다.

하지만 'play to earn' 게임에서는 게임을 즐기면서 돈을 벌 수도 있는 꿩 먹고 알 먹고의 효과를 얻을 수 있습니다. 게임의 오브젝트들에 NFT 기술이 적용되어 제작되었기 때문입니다. 그래서 게임 안에서 사거나 획득한 아이템들을 다시 판매하고 현실 세계 경제로 환원이 가능합니다.

기존에 있던 리니지 게임을 예로 들어보면, 그 안에서 산 아이템들은 그 게임 안에서만 쓸 수 있고 게임사가 문을 닫으면 구매한 아이템도 함께 사라지게 될 것입니다.

리니지M의 문양 롤백 사건이 있었습니다. 엔씨소프트에서 캐릭터의 능력을 강화시켜 주는 문양 시스템에 드는 비용을 줄일 수 있도록 구조를 개편하였습니다. 그러자 최상위 유저들이 반발하여 항의했고, 리니지M은 문양 강화 시스템 개편 이전으로 롤백했습니다. 문양 강화 시스템 개편이 없던 일이 된 것입니다.

하지만 이번엔 롤백 전 문양 강화 시스템에 결제한 플레이어들이 항의했습니다. NC소프트는 이들의 현금 환불을 거부하고 게임 내 현금성 재화인 다이아로 돌려주는 등 부적절한 대처를 하여 이 사건을 계기로 엔씨소프트의 주가는 하락했습니다.

플레이어가 이미 돈을 내고 능력치를 샀지만 개발사가 서버를 이전으로 되돌리면 다시 돈을 지급한 것이 의미가 없는 것을 보여 주는 사례입니다.

기존의 게임에서는 이렇게 플레이어가 돈을 지급하고 구매한 아이템이지만 소유권이 이것을 구매한 플레이어에게 있다고 볼 수 없습니다. 외부 환경에 따라서 언제든 사라질지도 모르기 때문입니다. 하지만 NFT 기술이 적용된 'play to earn' 게임에서는 게임 아이템의 소유권이 플레이어에 있습니다.

NFT 기술을 이용하면 블록체인에 소유권과 거래 사항 등을 저장할 수 있다고 하였습니다. 게임 아이템을 NFT로 만들면 이에 대한 소유권과 거래 사항이 게임 개발사가 가지고 있는 서버에 저장되는 것이 아니라 별도로 블록체인

위에 저장되기 때문입니다. 따라서 게임사가 롤백 등의 행위를 하거나 아예 사라져도 이 내용이 사라지거나 조작할 수 없습니다.

그리고 다른 게임과 호환이 된다면 그 게임에서도 아이템을 사용할 수 있습니다. 내가 완벽하게 소유하고 있기 때문에 가능한 일입니다.

이렇게 게임 아이템이 현실 세계 경제에서 안정적인 자산이 될 수 있습니다. 따라서 이를 현실 세계의 금융 거래에 활용할 수도 있습니다. 게임에서 얻은 아이템을 담보로 하여 대출을 받을 수도 있을 것입니다.

앞에서 우리나라에서는 현재 'play to earn' 게임의 이용이 금지되어 있다고 하였습니다. 전 세계 여러 나라들이 NFT 거래 전쟁에 뛰어드는 이때 이러한 관점에 수정이 필요하다는 의견이 많습니다.

'play to earn' 게임은 우리가 현실 세계에서 일을 하는 것처럼 가상세계에서 마찬가지로 생계를 위해 일을 하는 경제 활동이 될 수 있다는 것을 보여 주기 때문입니다. 이미 엑시인피티니가 인기인 필리핀을 비롯한 동남아 여러 국가에서는 'play to earn' 게임으로 생계를 유지하는 사람들이 늘어나고 있습니다. 필리핀에서는 코로나19로 일자리를 잃은 사람들이 엑시인피니티를 통해 새로운 경제 활동에 참여하고 있습니다.

우리는 'play to earn' 게임을 통해 NFT 기술이 이끌어가는 가상세계의 경제 활동이 어떻게 진행할지 예측해볼 수 있습니다.

NFT 기술을 통해 처음으로 가상세계에 있는 자산에 대한 소유권을 확실히 만들었습니다. 가상세계 공간은 물리적인 공간은 아니지만 그곳에서 확실히 재산권을 행사할 수 있게 하는 것입니다. 따라서 가상세계에서도 수요와 공급의 원리에 따른 자본주의 시장 경제 체제가 잘 운용될 수 있다고 예상해 볼 수 있습니다.

게임 안에서의 경제 활동 모습을 확장해서 더 넓은 범위의 메타버스 가상공간 내의 경제 활동 모습을 예상해 볼 수 있습니다. 예를 들어 'play to earn' 게임 안에서 아이템을 담보로 대출을 받고 엑시인피티니티에 처음 참가하는 사람들에게 엑시를 대여해 주는 사업의 출현을 보며 현실 세계를 반영한 가상세계 경제 활동과 가상세계에서 새롭게 창조될 경제 활동들을 생각해볼 수 있을 것입니다. 더 나아가 가상세계 경제 활동에서 파생되는 사회, 문화가 어떻게 바뀔지도 상상해 볼 수 있을 것입니다.

메타버스와
함께하는 미래

CHAPTER 06

메타버스와
함께하는 미래

1 게임 안으로 출근하는 다음 세대

기술의 발달은 새로운 직업을 창조해 냅니다. 인터넷이 등장하면서 사이버 평판 관리자, 1인 방송 매체 유튜브의 등장은 유튜브 크리에이터라는 직업을 창조했습니다. 데이터의 부각은 빅데이터 분석가라는 직업을 만들었습니다. 이와 마찬가지로 메타버스 시대에 가면서 새로운 직업을 가상공간 안에서 새로운 직업을 갖는 사람들도 많아질 것 것입니다.

다양한 인터넷 다음에 모바일, 그리고 이번에는 메타버스 기술이 발달하면서 가상세계와 연관된 새로운 직업들이 나오기 시작했습니다.

진정한 메타버스 시대가 되기 위한 조건으로 가상세계 안에서 사회, 문화, 경제 활동이 이루어져야 합니다. 여기에서의 경제 활동은 이용자들이 아이템, 건물, 도로와 같은 재화를 가상공간 내에서 만들어 내는 크리에이터 이코노미를 의미합니다.

여기에 더하여 제페토의 월드, 이프랜드의 랜드와 같이 자신의 개성을 표현하는 아바타를 이용해 가상세계를 탐험할 수 있어야 합니다. 그리고 로블록스, 더샌드박스처럼 가상세계 속에 자신이 상상하는 대로 게임 속 세계를 만들어 보고 수정할 수 있어야 합니다.

따라서 메타버스 속 가상세계에서는 이용자들이 플랫폼 개발사가 만들어 놓은 콘텐츠를 소비만 하는 것이 아니라 생산할 수도 있는 것입니다.

그럼 메타버스 기술이 발달하여 새롭게 나온 직업들을 하나씩 알아보겠습니다. 첫 번째로 월드 빌더(World Builder)라는 직업이 있습니다. 제페토에서 아바타가 자유롭게 탐험할 수 있는 맵을 '월드'라고 합니다. 이 월드 개념을 생각하면 이해가 쉬울 것입니다. 한마디로 월드 빌더는 가상세계 공간을 만드는 설계사이며 건축가입니다.

크몽 사이트에서 '제페토'로 검색어를 넣었을 때 나오는 월드 빌더 서비스 목록 (출처: 크몽)

비대면 문화가 확산하면서 메타버스 플랫폼 안에서 여러 가지 행사들이 열리고 있습니다. 콘서트, 연수, 회의, 채용 박람회, 입시 설명회, 입학식, 선거 유세까지 기존에 많은 사람이 모여서 했던 행사들 대부분이 이 안에서 열리고 있습니다.

월드 빌더들은 가장 먼저 어떤 메타버스 플랫폼에서 행사를 진행할지를 정한 후, 모임의 성격과 모임 운영 방법, 참여 인원 등을 고려하여 가상공간 안에 지형을 배치하고 큰 길과 큰 건물을 짓고 오브젝트(Object)들을 적재적소에 배치하는 일들을 합니다.

대부분의 메타버스 플랫폼에서는 사용자가 별도의 코딩 작업 없이 공간을 배치할 수 있는 툴을 제공하기 때문에 컴퓨터 프로그래밍 관련 지식이 많이 있지 않아도 됩니다.

예를 들어 게더타운이나 제페토처럼 플랫폼에서 제공하는 맵 메이커나 스튜디오 기능을 이용하여 공간을 만듭니다. 가상공간은 물리적인 법칙이 적용되지 않으므로 행사를 성공적으로 개최할 수 있도록 하는 효율성과 설계자의 풍부한 상상력을 잘 융합하여 모두가 만족하는 공간을 만드는 일이 중요해질 것입니다.

두 번째로 아바타 드라마 PD가 있습니다. 현실 세계에서는 실제 사람이 활동하는 반면 가상세계에서는 아바타들이 활동하므로 이 아바타들을 배우로 활용하여 드라마를 제작해 보자고 하는 시도가 있습니다. 이전에 인기 웹 소설들이 한창 활발히 영화화되었던 적이 있습니다. 아바타 드라마가 제작되면 웹 소설이 나오거나 이것이 영화화되는 과정이 한 번에 해결됩니다. 처음부터 소설 속 이야기를 아바타가 연기하는 영상이 제작되는 것입니다.

아바타 드라마는 제페토에서 다양하게 만들어지고 있습니다. 유튜브에 접속하여 '제페토 드라마'를 검색해 보면 수많은 영상이 업로드되어 있는 것을 볼 수 있습니다. 유튜브에서 제페토 드라마를 검색해 보고 지금은 '이게 뭐야?'라는 생각을 하게 될지도 모릅니다. 지금의 제페토 드라마는 영화보다는 웹툰에 더욱 가까운 것 같습니다.

제페토 드라마의 한 장면 (출처: 동아일보)

아바타가 등장하여 연기하는 장면을 사진으로 찍은 것에 대사를 넣고 배경이 바뀌고 아바타의 동작이 바뀌는 방식입니다. 이렇게 만든 장면들을 별도의 영상 편집 프로그램을 이용하여 이어 붙이고 음성을 삽입하여 드라마로 만드는 방식입니다. 현재 많은 Z세대들이 아바타 드라마 만들기에 큰 흥미를 보이고 있습니다.

세 번째로 아이템 크리에이터가 있습니다. 가상세계 안에서는 아바타를 통해서 자신의 개성을 표현할 수 있습니다. 그래서 메타버스 이용자들은 아바타가 입는 의상에도 관심이 많습니다. 아이템 크리에이터란 이용자가 아바타를 통해 자신의 개성을 잘 드러낼 수 있도록 의류를 디자인해서 판매하는 직업입니다.

아이템 크리에이터 활동 장소로 가장 많이 알려진 곳이 제페토입니다. 아이템을 디자인하기 위해서는 제페토 스튜디오를 설치하여야 합니다.

월드 빌더와 마찬가지로 실제 의상을 만들 수 있는 능력이나 전문적인 디자인을 할 수 있는지의 여부는 별로 중요하지 않습니다. 상상력과 창의력이 중요한 부분을 차지합니다.

아이템은 2D와 3D 두 가지 방식으로 제작할 수 있습니다. 2D 방식으로 아이템을 제작하기 위해서는 포토샵과 같은 프로그램을 이용하거나 제페토에서 제공하는 기능을 이용할 수 있습니다. 3D 방식으로 제작하기 위해서는 블랜더(Blender)나 마야(Maya)와 같은 전문적인 프로그램을 이용해야 하기 때문에 조금 더 난이도가 있는 반면 아이템을 좀 더 정교하게 디자인할 수 있다는 장점이 있습니다.

현재 제페토에서 아이템 크리에이터로 활동하고 있는 이용자 수가 50만 명, 이들이 만들어 낸 누적 아이템 수는 1,500만 개에 달할 정도로 매우 많습니다.

제페토가 스튜디오 서비스 초창기인 2020년에 크리에이터로 활동하는 인원이 6만 명, 이들이 제작한 아이템의 수는 2만 개 정도였다고 합니다. 그로부터 1년이 지난 후 크리에이터는 8배, 아이템 수는 750배가 늘어난 셈입니다.

제페토 크리에이터로 성공한 경우로 '렌지'가 유명합니다. 초창기에는 아이템 하나에 20원, 지금은 300원 정도에 판매하고 있는데, 지난해에는 한 달 평균 300만 원의 수익을 거두었다고 합니다. 제페토의 인기가 많아짐에 따라 올해는 한 달에 평균 1,500만 원의 수익을 거둔다고 합니다.

크리에이터 '렌지'씨 (출처: 이투데이)

렌지는 제페토 초창기에 인어공주 코스튬(Costume), 거북이 옷 등과 같은 독특한 디자인으로 인기를 모았습니다. 렌지가 디자인한 아이템의 개수는 2021년 6월을 기준으로 130만 개에 달한다고 합니다.

현재는 아이템 디자인을 하면서 동시에 크리에이터를 꿈꾸는 사람들을 위한 매니지먼트 회사를 차려 교육과 협업을 진행하고 있고 자신만의 기획사를 설립하여 아바타 드라마를 제작하는 것이 꿈이라고 합니다.

네 번째 직업은 로블록스 게임 개발자입니다. 로블록스는 크리에이터들에게 게임 판매 수익의 70%, 아이템 판매 수익은 30%를 분배하고 있습니다. 개발자에게 분배한 수익이 2019년 4분기 약 3,980만 달러(약 466억 원)에서 2021년 2분기 약 1억 2,970만 달러(약 1,517억 원)로 약 3배 가까이 늘어났습니다.

로블록스와 관련한 경제 규모가 커지면서 게임 개발에 도전하는 사람들이 늘어나고 있습니다. 로블록스에서 활동하고 있는 개발자 수가 127만 명, 이들이 만든 게임의 수는 5,500만 개에 달합니다.

2021년 6월을 기준으로 지난 1년 동안 100만 달러(약 11억 원) 이상의 수익을 올린 개발자는 3명, 10만 달러(약 1억 원) 이상의 수익을 올린 개발자는 249명, 그리고 1만 달러(약 1,200만 원) 이상 수익을 올린 개발자는 1,057명이라고 합니다. 이들이 프로그래밍에 관한 전문적인 지식이 있어서 게임 개발로 큰 수익을 거두는 것은 아닙니다.

로블록스에서 배드 비즈니스라는 슈팅 게임으로 한 달 4만 9,000달러(약 5,500만 원)의 수익을 거둔 이든 가브론스키는 이제 막 스무 살이 된 청년입니다. 그는 컴퓨터 프로그래밍에 관한 지식을 거의 모르지만 로블록스 스튜디오를 이용하여 게임을 개발했습니다.

또한, 로블록스 최고 인기 게임 중 하나인 제일브레이크(Jailbreak)를 개발한 알렉스 발판츠(Alex balfanz)도 22세 청년입니다. 그는 9세부터 로블록스 스튜디오를 이용해 게임을 만들다가 18세가 되던 2017년에 제일브레이크를 개발하여 커다란 성공을 거두었습니다. 이 게임으로 한 달 최고 수익 25만 달러(약 2억 9,000만 원)을 벌어들였습니다.

　위와 같은 사례들이 나오면서 로블록스 개발자를 새로운 직업으로 여기는 분위기가 형성되었습니다.

　위의 두 사례처럼 어린 시절에 로블록스 게임을 즐겨 하고 게임도 개발하다가 성인이 되어서도 계속해서 게임 개발을 하는 경우도 있지만 처음부터 게임 개발을 통한 수익 창출을 위해 이를 시작하는 경우도 많이 생겼습니다.

　이밖에도 다양한 직업들이 생겨나고 있습니다. 아바타를 조종해서 스포츠 경기를 하는 것을 전문적으로 하는 사람들도 생겨나고 있습니다. 'play to earn' 게임을 하며 소득을 올리는 사람도 있었습니다. 라이트 나이트(Light Nite)처럼 비트코인 블록체인 기반의 게임으로 다른 캐릭터를 죽일 때마다 비트코인을 벌 수 있는 방식의 게임도 있었습니다.

　우리는 이제까지 현실 세계에서 주로 활동했기 때문에 현실 세계의 일을 하기 위해서 직업을 가졌다면 메타버스 시대에서는 가상세계 안에서 아이템을 개발하거나 건물을 짓고 아바타와 함께 일을 하는 등 새로운 직업을 갖는 사람들이 늘어날 것입니다. 또한, 앞으로는 서로 다른 메타버스 플랫폼들 간에 서로를 연결하는 가상세계를 건설하거나, 가상세계 공간을 새롭게 설계하고 제페토 드라마와 같은 가상 콘텐츠를 제공하는 새로운 직업을 가진 사람들이 점점 많아질 것입니다.

2 메타버스의 그늘

　인터넷 기술이 처음 나왔을 때 사람들은 놀라운 기술이 가져다준 편리한 점에 아주 열광하였습니다. 하지만 그 때문에 이면에 감추어진 어두운 면을 잘 바라보지 못했습니다. 악플로 인해 많은 사람이 상처받고 심지어 세상을 등지는 일도 생겼습니다. 또한, 인터넷 공간 안에서 간편한 소통을 추구하다 보니 아름다운 우리말이 파괴되는 일도 생겼습니다. 그 외에도 많은 문제점들에 직면하였고 이를 해결하기 위해 많은 희생과 노력이 필요했습니다.

　그 뒤에 모바일 기술이 나왔을 때도 마찬가지였습니다. 스마트폰의 이용이 보편화되면서 나타나는 정보 불평등 문제나 스마트폰 중독 문제 등 우리가 예상하지 못했던 문제점들이 나타나기 시작했습니다.

메타버스 세계도 스마트폰 게임처럼 중독되기 쉽다. (출처: pixabay)

　메타버스 기술이 한창 나오기 시작하는 지금, 우리는 미리 메타버스 시대에 맞닥뜨릴 문제점들을 미리 생각해 보지 않으면 안 됩니다. 더 나은 메타버스 시대를 맞이하기 위해 메타버스 시대에 나타날 수 있는 문제점들을 알아보도록 하겠습니다.

먼저 관계의 문제가 생길 수 있습니다. 가상세계 안에서 맺은 인간관계가 현실에서 그대로 이어지지 않는 문제점이 있습니다. 예를 들어서 제페토에서 팔로우를 하여 같이 게임을 하고 월드에서 여행을 하며 음성 대화를 하는 등 서로 친한 사이인 것 같지만 현실 세계에서는 그렇지 않은 경우가 있습니다.

그리고 메타버스 때문에 일자리를 잃을 수 있습니다. 산업혁명으로 인해 기계가 사람들의 일손을 대신하면서 많은 사람이 일자리를 잃은 역사가 있습니다. 마찬가지로 메타버스와 인공지능 기술이 결합하여 가상세계 안에 진짜 사람과 구분이 안 가는 가상인간을 구현하게 된다면 가상세계 안에서 사람들이 접속해 일자리를 가질 필요는 없을 것입니다.

이런 일이 실제로 일어나고 있습니다. 바로 걸 그룹 에스파(aespa)의 경우입니다. 에스파는 현실 세계의 인간 아이돌과 이들의 아바타인 가상세계 아이돌이 함께 소통하며 교감한다는 스토리텔링을 가진 인간과 가상인간이 함께 섞인 그룹입니다. 만약에 에스파 멤버에 아바타가 없었다면 현실 세계의 에스파 멤버가 더 늘었을지도 모릅니다.

그리고 에스파의 아바타 캐릭터들은 너무 이상화된 신체 이미지를 가졌기 때문에 이것이 현실 속 멤버를 속박하는 것으로 작용하지 않을까 하는 생각을 하기도 합니다. 일각에서는 제3자가 아바타들을 이용해 악의적인 창작물을 만들 수 있을지도 모른다는 위험성을 우려하기도 합니다.

또한, 메타버스 안에서는 자신의 아바타와 똑같은 아바타를 만들어서 사기를 당할 수도 있습니다. 아바타를 이용해 왕따나 괴롭힘을 당할 수도 있습니다. 이는 이미 SNS에서도 경험한 일이므로 충분히 가능성이 있습니다. 따라서 이에 대비책도 미리 마련해 놓아야 하겠습니다.

가상세계는 현실 세계를 반영한 디지털 트윈입니다. 따라서 현실의 많은 문제점이 가상세계 안에서도 충분히 일어날 수 있습니다.

가상세계에서는 물리적 법칙이 적용되지 않기 때문에 일어나는 범죄의 종류도 다릅니다. 현실 세계에서는 실제 물건을 훔치거나 사람을 다치게 한다는 등의 범죄가 발생하지만, 가상세계에서는 사기나 악플, 허위 사실 유포와 같은 범죄가 발생할 수 있습니다. 지금도 소셜 메타버스 플랫폼에서는 문자나 음성 채팅을 통해 욕설이나 허위 사실 유포가 일어나고 있습니다.

그렇다면 사람들이 왜 가상세계 안에서는 현실 세계에 비해 이런 비도덕적인 언행을 하는 것일까요? 존 슐러 박사는 〈온라인 탈억제 효과〉 논문에서 소셜 미디어를 포함한 현대 기술이 훨씬 더 속마음을 잘 드러내고 더 자주 활발하게 참여하게 고안되었다고 하였습니다. 현실 세계에서는 하지 않았을 행동도 가상세계에서는 기꺼이 한다는 것입니다. 또한, 가상공간에서의 익명성도 한몫을 합니다. 자신의 모습을 감출 수 있기 때문에 부끄러움을 잊어버리게 되는 것입니다.

두 번째는 비언어적 의사소통 기회가 없어지기 때문입니다. 게더타운과 같

가상세계 플랫폼 중에는 상대방의 얼굴을 직접 보지 못하는 경우도 많다.

(출처: 제페토앱)

은 메타버스 화상회의 플랫폼은 제외하고, 가상세계 안에서는 다른 사람들과 대화할 때 상대방의 얼굴이 보이지 않기 때문에 얼굴 표정에서 드러나는 비언어적인 신호를 보지 못하기 때문입니다.

세 번째는 문자 채팅으로 의사를 전달할 경우 이것이 전달되는 데 시간이 걸려 반응이 동시적이지 않기 때문입니다.

네 번째는 유아독존적 내면 투사 때문입니다. 현실 세계에서는 컴퓨터나 모바일에 접속하여 혼자 이야기를 하는 상황이기 때문에 다른 사람의 감정을 잘 고려하지 않고 혼잣말을 한다고 생각하고 있기 때문입니다.

딥페이크(Deepfake)에 관한 것도 문제입니다. 이는 이미지를 도용하는 것을 넘어 범죄 단계에 해당한다고 할 수 있습니다.

한 이용자는 게임 공간인 VR에서 성추행은 너무 진짜 같다고 느끼기도 하였다고 합니다. 이는 실제 접촉을 한 것은 아니기 때문에 범죄로 볼 것이냐 말 것이냐의 논쟁 여지가 생긴다고 할 수 있습니다. 또한, 이렇게 메타버스 내의 불법 행위 발생과 그에 따른 사법권 행사에 대한 문제가 있습니다. 가상세계에서는 물리적인 장소 개념이 희박하기 때문에 국제적인 문제가 발생할 경우 속지주의를 채택한 국가의 경우 재판을 관할할 나라에 대한 문제가 발생합니다. 그리고 현실 세계의 법 규정을 가상세계에서도 동일하게 적용할 수 있느냐는 논란이 있습니다. 그리고 세컨드라이프와 같은 메타버스 플랫폼 내에서 사기, 도박과 같은 범죄가 발생하여 이에 대한 해결책 구상이 요구됩니다.

가상세계에 탐닉하여 중독되는 문제도 무시할 수 없습니다. 가상세계가 주는 즐거움에 이에 지나치게 몰입하여 현실의 생활에 지장을 받고 정체성에 장애가 발생할 수 있습니다. 이는 인터넷 기술 시대와 모바일 시대에 겪었던 사이버 중독 문제가 이어지는 것이라고 볼 수 있습니다.

마지막으로 가상경제 시스템이 아직 완벽히 자리 잡지 못한 데 따른 문제입니다. 비트코인과 같은 가상화폐의 경우 이를 직접 물건과 거래할 수 있는 새로운 수단으로 볼 수 있을 것인가에 대해 논쟁이 발생하고 있습니다.

가상 경제의 규모가 커지면서 가상화폐의 실제 현금화에 대한 이견이 있고 나라마다 규정이 다른 것도 문제입니다. 우리나라의 경우 게임산업진흥법에서 가상화폐를 실물 화폐로 현금화하는 것이 불법으로 되어 있지만, 필리핀을 비롯한 동남아나 미국에서는 가상화폐를 현금화하는 것이 가능한 상태입니다.

가상세계의 경우 한 플랫폼 안에 여러 나라 사람들이 동시에 모여 경제 활동을 하는데 각자 적용받는 규정이 다르다면 그 안에서 경제 시스템이 원활히 작동하기 어려울 것입니다.

인류는 그동안 여러 가지 난관을 겪었지만 이를 극복해 왔습니다. 메타버스 시대의 초기에는 정말 많은 혼란이 있을 것 같습니다. 현실 세계와 가상세계에서 모두가 힘을 모은다면 밝은 메타버스의 미래가 열릴 것입니다.

3 알파 세대의 출현

메타버스의 주 이용층으로 많이 거론되고 있는 디지털 원주민인 MZ세대가 있습니다. 이 세대의 나이 스펙트럼을 보면 차이가 무려 30년이나 납니다. 이를 한 세대로 보기에는 사실 굉장히 큰 스펙트럼(spectrum)이라고 할 수 있습니다.

MZ세대나 X세대와 같은 세대의 경계를 나눌 때 몇 년에 태어난 세대들, 언제부터 언제까지 비슷한 문화를 함께 향유했던 일들을 주로 기준으로 삼습니다.

M(밀레니얼)세대는 어렸을 때부터 주변에서 인터넷을 이용 가능했던 세대들을 말합니다. 인터넷을 하기 위해 익스플로러(explore)를 실행하였는데 접속이 안 되면 M세대는 '컴퓨터가 고장 나서' 컴퓨터가 작동이 안 된다고 표현하기도 하고 '인터넷 접속이 잘 안 된다고' 표현하기도 합니다. 반면 Z세대는 같은 상황에서 대부분이 '인터넷 접속이 잘 안 된다고' 표현하는 차이가 있습니다. 우리가 메타버스와 관련하여 세대를 나눌 때는 인터넷 기술을 익숙하게 여기는 연령대부터를 밀레니얼 세대(echo boomers)라고 보는 것이 합당하겠습니다.

Z세대는 1995년 이후에 태어난 세대입니다. 1995년에 태어난 아이들이 유치원, 초등학생이 되었을 때를 계산해 보면 2000년대 초반입니다. Z세대들은 2000년 초반에 인터넷 기술을 이용한 연결의 시대를 살았고 다양한 인터넷 게임들을 즐겼습니다. 그리고 2009년쯤 스마트폰이 대중에 보급되기 시작되어 모바일 인터넷 시대가 시작되었습니다. Z세대들은 이때가 중학생 정도 나이대에 해당됩니다. 이들은 인터넷이기도 하고 모바일 인터넷 세대이기도 합니다.

그러나 한창 IT 기기를 활용할 시기에 모바일 인터넷 시대가 열렸기 때문에 웹브라우저보다는 모바일용 브라우저가 익숙한 세대입니다. 이들은 스마트폰을 손에서 놓지 않고 거의 온종일 쓰고 있는 세대이기도 합니다.

인터넷을 처음 이용한 세대인 M세대 인터넷과 모바일 인터넷을 이용한 Z세대를 합쳐서 우리는 MZ세대라고 부릅니다. 따라서 MZ세대의 본질적인 속성 중의 하나가 그들은 항상 인터넷으로 연결된 온라인 연결 세대라는 점입니다.

그렇다면 Z세대 이후의 세대들은 어떨까요? 여러 가지로 명명하고 있는데 그중 하나가 '알파세대'입니다. 왜냐하면 세대의 이름을 명명할 때 알파벳 마지막 글자인 Z세대까지 모두 다 사용했기 때문입니다. 그래서 그리스 문자인 알파, 베타, 감마 이런 식으로 네이밍을 하려는 의도로 알파세대라고 명명하는 입장도 있습니다.

Z세대 이후에 등장한 세대들을 통칭하는 말로 'C세대'라는 이름도 있습니다. 이들은 알파세대와 교집합이 많을 것입니다. 2019년 말부터 전 세계적으로 코로나 팬데믹이 시작되면서 작년에 처음 유치원이나 초등학교, 중학교에 입학한 세대들은 아마 현실 세계에서 학교 친구들을 만난 시간보다 온라인상에서 친구들을 만난 시간이 훨씬 길 것입니다. 이들은 학교를 간 시간보다 집에서 컴퓨터나 모바일 기기에 접속해 있었던 시간이 훨씬 많을 것입니다. 또한, 여행을 한 것보다 집에 앉아서 유튜브나 넷플릭스 콘텐츠를 시청한 시간이 훨씬 많을 것입니다.

C세대는 코로나(Corona) 바이러스의 첫 글자인 'C'를 따서 명명한 것입니다. 이들은 인터넷 접속의 세대라고 하는 MZ세대보다도 훨씬 많은 시간을 온라인에서 보낸 세대입니다.

알파세대, 혹은 C세대들은 온라인으로 학교에 등교했고 친구도 온라인으로 만났습니다. 비대면 문화가 확산하면서 그 밖에 여러 가지 사람들끼리 직접 만나서 겪을 일들도 온라인에서 겪었습니다. 이들에게는 이제 이것이 아주 익숙한 일이 되었을 것입니다. 이 세대들은 다른 세대들이 몇 년의 기간 동안 겪을 기술적 변화를 단 1~2년 만에 압축적으로 겪은 세대들입니다.

현재 MZ세대들의 놀이터인 메타버스는 아마 곧 있으면 더욱 강력한 연결의 세대인 알파세대, 혹은 C세대들의 놀이터가 되지 않을까요?

4 은둔형 외톨이의 반격

요즘 집에서 저녁 식사를 하고 가족들끼리 모여 있는 장면을 상상해 보겠습니다. 사실 한 곳에 거의 모여 있지도 않을 것입니다. 그러나 한 자리에 모여 있다고 해도 각자 스마트폰 화면만 바라보고 있을 확률이 높습니다. 친구들끼리 약속이 있어서 모여도 마찬가지입니다. 한 자리에 같이 있으나 각자 자기 스마트폰만 보고 있습니다.

얼핏 보면 사람들이 스마트폰을 하느라 인간관계를 못 하여 사회성이 무뎌지는 것은 아닌가 하는 생각이 들지 모릅니다.

하지만 이는 기우에 불과합니다. 이들이 스마트폰을 이용해 무엇을 하고 있을지 떠올려봅시다. 어떤 친구는 관심 있는 유튜브 채널을 시청하고 있을 것이고, 어떤 친구는 단톡방에서 여러 사람과 문자로 이야기를 나누고 있을 수도 있습니다. 또 다른 친구는 제페토 롯데월드 맵에 접속하여 세계 여러 나라 사람들과 함께 놀이기구를 타고 있을지도 모르겠습니다.

제페토에서 가상세계 친구들과 자이로드롭 놀이기구를 타는 모습
(출처: 제페토 앱)

이런 경우에도 인간관계가 좁아졌다고 할 수 있을까요? 이는 스마트폰으로 인해 관계가 디지털 세계에서는 외적으로 확장되었으나 친구 관계와 같은 내부 관계가 와해되고 있다는 것을 의미합니다. 연결의 시대가 되면서 인간관계의 범위가 넓은 범위로 확장되면서 가까운 인간관계는 와해되고 점점 더 멀리 있는 사람들과 연결이 되고 있는 현상이 일어나고 있는 것입니다. 따라서 우리는 사회성에 대한 개념을 다시 정립할 필요가 있어 보입니다.

한때 은둔형 외톨이가 사회적으로 이슈가 된 적이 있었습니다. 어떠한 이유로 인해 항상 집에만 있으며 다른 사람들과 교류하지 않는 사람들입니다. 대부분은 은둔형 외톨이는 사회성이 없다고 이야기합니다. 그러나 만약 집에만 있지만 로블록스에서 게임을 개발하여 여러 사람과 함께 게임을 즐기고, 제페토 스튜디오에서 아이템을 디자인하여 판매하고 월드를 만들어 내가 만든 아이템들에 대해 다른 사람들과 음성 채팅으로 대화도 나누는 사람이 있다고 해 봅시다. 이 사람도 사회성이 없다고 할 수 있을까요?

인기 유튜브 채널 중 '흔한남매'가 있습니다. 구독자가 200만 명을 넘긴지 이미 오래입니다. 흔한남매 채널에서 콘텐츠를 진행하는 으뜸이와 에이미가 촬영과 내용 기획 때문에 일주일 동안 밖에 안 나가고 영상을 편집해 여러 영상을 업로드했다고 가정해 보겠습니다.

흔한남매가 밖에 일주일 동안 안 나가고 집에서 촬영만 하며 있었다고 해서 아무도 그들의 사회성에 문제가 있다고 하지 않을 것입니다.

그들은 현실 세계에서는 여러 사람과 사회적 관계를 하지 않았지만 업로드한 영상을 통해 수많은 구독자와 온라인으로 소통한 것입니다. 아마 구독자가 200만 명 이상이니 조회 수도 일주일 동안 최소 몇십만 회 이상은 될 것입니다. 그리고 댓글로도 소통했을 것입니다.

결국 우리는 사회성이란 개념을 현실 세계와 가상세계로 이분해서 정립해야 할 필요성이 있습니다. 둘의 관계는 시소와도 같아서 현실 세계의 사회성이 가상세계로 이동하여 가상세계 쪽에 치우친 사회성이 점차 확대되고 있는 듯합니다.

구독자 227만 명의 유튜버 흔한남매 에이미와 으뜸이 (출처: 소비자 평가)

그렇다면 왜 사람들이 현실 세계보다 가상세계에서 관계를 맺는 데 더 치중하고 있을까요? 그것은 연결이 쉬워지면서 나와 취향이 맞는 사람을 내가 골라서 관계할 수 있는 시대가 되어서입니다.

예를 들어 만약 지금 기분이 좋지 않아서 내게 즐거움을 줄 친구가 필요한 경우가 있을 것입니다. 그런데 내 주변에는 그렇게 재미있는 친구도 없고 나의 현재 상황을 일일이 설명하기 피곤한 경우도 있을 것입니다. 그러나 인터넷을 조금만 검색해 보면 재미있는 콘텐츠가 상당히 많습니다. 그냥 접속하여 재미있게 즐기기만 하면 됩니다. 불필요한 감정 소모를 하지 않아도 됩니다. 또한, 지금 하고 있는 일에 대해서 조언을 받고 싶을 때가 있다고 가정해 보겠습니다. 친구들에게 내가 하는 일을 설명하고 조언을 받을 수도 있지만, 유튜브에는 내가 하는 일에 대해 전문적인 식견을 가지고 있는 사람들이 참 많습니다. 내 주변에 있는 친구들이 아마 이 전문가보다 더 유익한 조언을 해 주기는 쉽지 않을 것입니다.

또한, 댄스, 헬스와 같은 운동을 배우려고 할 때 학원이나 헬스장에 직접 가서 운동하는 데서 얻는 이익을 생각하지 않는다면 관련 분야의 유명 유튜버들이 훨씬 더 잘 가르쳐 줄 것입니다.

악기를 배울 때도 마찬가지입니다. 바이올린을 배운다고 했을 때 역시 유명 인플루언서(influencer)가 알려주면 학원에 가지 않고 집에서도 쉽게 배울 수 있을 것입니다.

연예인을 보고 싶을 때도 관련 채널에 접속하면 쉽게 만날 수 있습니다.

내가 필요로 하는 사람들은 전부 연결과 접속으로 만날 수 있고 주변의 사람들은 나의 욕구를 채워주지 못하기 때문에 가까이 있는 관계가 와해되고 있는 것입니다. 또한, 이렇게 만나는 것이 더 편리하고 내 속에 있는 이야기를 할 필요가 없기 때문에 좀 더 편한 마음으로 관계가 가능해지는 것입니다. 그래서 앞으로 사람들은 이런 식으로 사회성이 발달하게 될 것입니다.

통신 수단이 발달되지 않았던 과거에는 사람들 사이의 관계가 적은 수의 인원들끼리의 소규모 모임만 가능했습니다. 서로 물리적으로 거리가 멀리 떨어져 있어서 만나기 어려웠기 때문입니다. 라디오나 TV, 전화가 나온 시대에는 매체를 통해 적은 수의 사람들과 많은 사람이 영향을 줄 수 있게 되었습니다. 현재는 1인 미디어 시대이기 때문에 누구나 마음먹으면 다수에게 영향을 줄 수 있고, 1인 미디어를 운영하는 사람들의 수가 정말 많기 때문에 많은 사람이 많은 사람에게 거미줄처럼 서로 영향을 주고받는 식으로 인간관계의 수평

적 확장이 일어났습니다.

이번에는 가까운 인간관계가 왜 와해되고 있는지에 대해 더 자세히 알아보겠습니다. 앞에서 살펴본 이유도 있지만 가장 중요한 것은 서로 간에 공유하는 문화적 공통점이 옅어지고 있다는 점입니다.

과거에는 사람들 사이에 공유하는 특징들을 통해 동질적인 큰 집단들이 형성되기가 유리하였습니다. 왜냐하면 사람들이 모두 같은 라디오나 TV 방송 내용의 영향을 받았기 때문입니다.

온 가족이 모여 텔레비전을 보는 모습 (출처: 경향신문)

한 집안에서 가족들도 TV 시대에서는 서로 같은 채널을 보며 비슷한 영향을 받았습니다. 하지만 우리가 모바일 인터넷과 메타버스 플랫폼들을 이용한 연결의 시대를 살면서 가족들끼리 물리적으로 동일한 공간에 있지만 서로 다른 영향을 받게 되었습니다. 따라서 취향이 제각각 달라져 동질적인 집단을 형성하기가 어렵게 되었습니다.

최근 이와 관련하여 한 가지 의미 있는 설문 결과가 나왔습니다. 다양한 소셜 네트워크 서비스 중 유튜브와 인스타그램을 제외하고는 이용 시간이 줄었다는 점입니다. 페이스북, 카카오톡, 네이버 밴드와 같은 SNS의 사용 시간이 줄었다는 것입니다.

우리는 현실 세계에서 교류하는 친구들을 페이스북, 카카오톡, 네이버 밴드 등을 활용해 온라인에 그대로 옮겨 놓았습니다. 실제 관계를 가상세계에 복제해 놓은 것입니다. 일종의 거울 세계 메타버스라고도 할 수 있습니다.

앞에서 살펴봤듯이 내부 관계가 와해되었기 때문에 이런 매체들의 이용시간이 줄어든 것입니다. 유튜브와 인스타그램 같은 경우에는 현실 세계를 그대로 옮겨 놓은 곳이 아닙니다. 여기에서 사람들은 채널과 계정을 만들고 채널 대 채널로, 혹은 계정 대 계정으로 소통하고 있습니다. 현실 세계의 친구들과 관계하는 것이 아닌 겁니다.

또 한 가지 예를 들어보겠습니다. 현실 세계에서는 사회성이 부족한 사람이 있습니다. 그런데 유튜브 채널에는 자신의 관심사를 담아 좋은 영상을 올린다고 해봅시다. 사람들의 입소문을 타고 많은 사람이 영상을 시청할 것입니다. 이런 경우 이 사람은 온라인에서는 사회성이 높다고 볼 수 있을 것입니다. 아마 이 사람은 댓글로서 다양한 사람들과 관계를 맺기도 할 것입니다. 따라서 관계가 점점 온라인에서의 관계로 바뀌어가고 있다고 볼 수 있습니다.

사람들은 실제 친구를 만나는 대신 온라인에서 다른 사람들과 만나는 일이 많아지고 현실 세계에서 의사소통하는 것이 아닌 가상공간에서 의사소통을 하는 관계가 되어가고 있습니다.

앞으로 이런 관계는 더욱 늘어날 것입니다. MZ세대 이후의 세대를 생각해봅시다. 요즘 태어나거나 초등학생과 같은 경우에는 어렸을 때부터 이런 온라인 관계에 익숙하게 자랄 것입니다. 이들은 현실 세계에서 끈끈한 관계를 유지한 경험이 적기에 그러한 관계가 적어도 딱히 아쉬울 일은 많이 없을 것 같습니다.

이들은 메타버스 시대에 가상공간에서 자연스럽게 새로운 연결 관계로 사람들과 인간관계를 할 수 있을 것입니다.

어쩌면 메타버스 시대에는 가까운 사람들과 현실 세계에서 친구 관계로 지내던 이야기를 영화에서나 보게 될지도 모르는 일입니다.

5 뉴럴링크(Neuralink)로 디지털 지구에 이주할 인류

생각만으로 기계를 조종하는 기술은 이미 오래전에 개발되었다고 합니다. Locked in syndrome(감금증후군), 즉 의식은 있지만 전신마비로 인해 외부 자극에 반응하지 못하는 상태에 있는 사람들에 대해 의사들은 이들이 어떤 생각을 하는지 의문점을 가졌습니다. 혼수상태처럼 외부 자극이 전혀 들어가지 않는지가 궁금했습니다.

독일의 뇌과학자 비르바우머(Birbaumer) 교수팀은 BCI(Brain Computer Interface), 뇌파만을 이용하여 컴퓨터를 사용할 수 있는 인터페이스를 이용하여 생각으로 타이핑을 할 수 있도록 하여 몇 시간에 걸쳐 환자로부터 '외부와 소통하지 못해 너무 괴로웠고, 글로 표현하게 해주어 너무 감사하다'는 메시지를 받아내는 데 성공하였습니다. 이 이야기는 2007년 영화 〈The Diving Bell and the Butterfly〉로 제작되기도 하였습니다. Locked in syndrome 상태에 있는 주인공이 의식은 있지만 의사소통할 기회가 없어 표현을 하지 못하고 지낸 것입니다. 비르바우머 교수팀은 Neural Interface 기술을 이용하여 뇌파를 읽어내 이를 밖으로 표현해 낼 수 있도록 해 주는 기술을 개발했습니다.

하지만 한 가지 문제가 있었습니다. 환자의 의사소통을 밖으로 표현해 내는 속도가 매우 느렸던 것입니다.

과학 기술이 발달하여 무선 BCI가 사람에게 장착된 모습
(출처: The SCIENCE the times)

2021년 7월 〈New England Journal of Medicine〉 저널에 페이스북에서 지원한 연구인 스테노(Steno) 프로젝트 내용이 실립니다. 마비가 되어 말을 할 수 없는 환자를 대상으로 뇌를 읽어 내는 뉴로프로스시시스(neuroprosthesis)를 달고 뇌에서 성대 조절과 관련된 신호를 읽어 내서 이 사람이 말을 하려고 시도하면 그때 바뀌는 뇌파 패턴을 모니터에 나타나게 해 생각을 읽어 내는 것이었습니다.

인간과 컴퓨터는 의사소통 도구로 키보드나 마우스 등의 입력 장치를 주로 이용합니다. 마이크로소프트, 애플, 구글에서는 다른 방식으로 컴퓨터에 신호를 입력하는 방식을 연구하기 시작하였습니다. 지금까지 가장 연구가 많이 된 분야로는 인공지능 기술을 활용한 음성인식 기술이 있습니다. 빅스비 (Bixby), 카카오, 코타나(Cortana), 시리(Siri) 등의 서비스와 같은 인공지능 어시스턴트(assistant) 서비스들이 이와 관련되어 있습니다.

2010년대 초반 미국 특수부대 군인이 작전 수행 시 무전기를 이용하여 음성으로 소통하는데, 이는 중간에 도청의 위험이 있었습니다. 그래서 음성 없이도 소통할 수 있는 기술을 연구했습니다. 입 주변에 기기를 착용하면 입, 목, 근육의 신호를 기기가 인식합니다. 입 주변의 근육 신호들은 말하지 않고 생각만 해도 약간의 움직임이 생기게 됩니다. 특정 말을 머릿속으로 생각하기만 하면 근육 신호를 포착하여 인공지능이 신호를 해석하는 방식으로 의사를 전달할 수 있는 기술이 개발되었습니다.

페이스북은 뇌에서 생각하는 것만으로 그것이 실제로 이루어지는 기술 개발을 생각하고 있습니다. 특히 손목에 장치를 달아 생각하는 것만으로 다양한 디바이스를 컨트롤할 수 있는 장치 개발에 힘쓰고 있습니다. 애플에서도 이에 대한 연구를 진행하고 있습니다. 혼합현실 기기인 애플클래스를 내년에 출시할 예정입니다. 이와 같이 다양한 입력 방식이 나오고 있습니다.

메타버스 가상세계에서 더욱 현실감 있는 활동을 위해 뇌와 기계를 연결하는 기술이 더욱 중요해지고 있습니다. 특히 인공지능 기술이 발전하면서 생물학적으로 많은 한계를 지닌 인간은 설 자리가 없어질지도 모릅니다. 테슬라도 인공지능에 부정적 견해를 가지고 있습니다. 언젠가는 인간보다 더 똑똑한 인공지능이 나타나 인간을 지배하지 않을까 하는 생각을 하고 있습니다.

그래서 일론 머스크는 2016년 7월 초지능체에 대한 연구를 위해 뉴럴링크라는 기업을 설립하였습니다. 이는 인간의 뇌를 컴퓨터와 연결해 컴퓨터에 있는 다양한 정보를 인간에게 입력할 수 있다는 개념입니다. 뇌에 연결하는 전극에 머리카락보다 가늘고 유연한 실을 사용해 만여 개의 전극을 심을 수 있어야 가능한 일입니다. 이처럼 인간이 초지능체가 된다면 인공지능에게 도움을 받거나 지배당할 일도 없어진다는 것입니다.

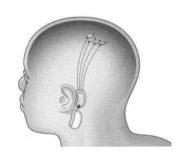

뉴럴링크 기술 개념도 (출처: 비즈한국)

뉴럴링크의 작동 원리는 다음과 같습니다. 뉴런(neuron)이 뇌에서 서로 정보를 교환하며 의사소통하고 있으면 뉴런을 연결하는 시냅스에서는 생체 전기 신호로 정보를 전달합니다. 이 생체 전기 신호를 뇌에 연결된 전극이나 칩을 통해 수집하는 것입니다.

그리고 계속 뉴럴링크의 안테나로 불리는 뉴럴 레이스(Neural lace) 전극을 통해 기록을 합니다.

이 전기 신호는 블루투스 방식이나 새로운 신호 형태로 컴퓨터에 직접 전달됩니다. 컴퓨터에 전달할 수 있다는 것은 뇌도 업데이트가 가능하다는 의미입니다. 뇌에 컴퓨터 칩을 이식한 돼지 거트루드를 통해 뉴럴링크 프로젝트의 진행을 전 세계에 알렸습니다. 이번 실험에서는 이전 비해 훨씬 작아진 2세대 뉴럴링크 기기를 선보였습니다. 10초당 10메가비트의 속도로 신호를 무선 전송하는 데 성공하였습니다.

두뇌에 칩을 이식한 돼지 (출처: 연합뉴스)

이 뉴럴링크 기술이 발달하면 선천적이나 후천적으로 몸을 움직이지 못하는 마비 환자를 도울 수 있을 것이라고 예상하고 있습니다. 또한, 우리가 VR 기기와 같은 보조 장비의 도움을 받지 않고 바로 메타버스 가상세계에 접속하는 것이 가능해질 것입니다. 또한, 매개체 없이 직접 컴퓨터에 접속하는 것이기 때문에 더욱 현실감 있는 메타버스 플랫폼에서의 생활이 가능해질 것입니다.

6 메타버스에서 살게 될 또 다른 인류, 인공지능

우리는 메타버스를 현실과 연결된 확장 가상세계라고도 합니다. 확장 가상세계는 사람들이 모이는 곳이기 때문에 사람들의 집단 지성이 발휘될 수 있는 세계이기도 합니다. 또한, 인공지능과 사람들의 지능이 만날 수 있는 세계이기도 합니다.

우리는 인공지능을 왜 연구할까요? 인공지능은 사람의 지능을 대체하기 위해 연구하는 것이 아닙니다. 사람의 능력을 보완하고 확장하기 위해 연구하는 것입니다.

이제까지 인류는 끊임없이 부족한 능력을 키우기 위해 기술을 개발해 왔기 때문입니다. 우리는 인공지능을 이용해 디지털 트윈 기술을 실현할 수 있습니다. 현실 세계에서 정보를 모으고 이 정보를 가지고 가상세계에서 현실 세계의 일들을 관찰하고, 일어나지 않은 일들을 시뮬레이션하며, 그 결과를 다시 현실 세계에 환류시키며 문제점들을 해결해 나갈 수 있습니다.

메타버스 시대와 인공지능 기술의 연계성에 대하여 알아보겠습니다. 사람들은 가상세계 체험을 하며 점점 현실과 같은 경험을 원하게 됩니다. 이를 실현하려면 VR, AR과 같은 기술과 인공지능 기술 개발이 중요합니다. 가상세계 안의 환경도 실제와 같으면 좋겠지만 그 안에서 만나는 사람들 중 NPC들도 실제 사람과 같다면 더 좋을 것입니다. 그리하여 크리에이티브 AI(Creative AI) 기술을 통해 만들어진 가상인간들이 등장하게 됩니다. 가상인간의 사례에 대해 알아보도록 하겠습니다.

앞에서 살펴본 아이돌 에스파가 대표적인 예입니다. 원래 멤버가 8명이라고 공개하였으나 나중에 알고 보니 4명은 현실 세계의 인간이고 나머지 4명은 가상인간이었습니다.

가상인간과 진짜 인간으로 구성된 아이돌 '에스파' (출처: moneys)

　그 외에도 전 세계적으로 수많은 버추얼 인플루언서가 활동하고 있습니다. 스웨덴 가구 메이커인 이케아는 최근 일본 하라주쿠에서 도시형 매장을 오픈했습니다. 오픈 이벤트로 한 여성 인플루언서 한 명을 3일 동안 매장에서 생활하게 하였습니다. 아무리 이벤트라고 하여도 사생활 침해 문제가 있기 때문에 오픈된 공간에서 생활하기는 어렵습니다. 하지만 그녀는 실제 인간이 아닌 가상 인플루언서이기 때문에 문제가 없습니다. 그녀의 이름은 '이마(Imma)'입니다. '지금'을 뜻하는 이 인플루언서는 현재 32만 명 이상의 팔로워를 가지고 있습니다.

이케아 오픈 이벤트에 참가하여 기업을 홍보 중인 가상인간 '이마' (출처: 한국경제)

이케아는 매장 내에 대형 LED를 설치하고 이케아와 생활하는 이마를 보여주며 마케팅에 성공하였습니다. 작년에는 SK-Ⅱ 광고에 등장하며 화장품 업계에 성공적으로 진입하였고, 올해는 아이스크림 광고에도 등장하며 식품업계에도 진출하였습니다.

2018년 일본의 CG 전문회사 모델링 카페에서 만든 이마는 패션 등 여러 분야에서 활약 중입니다.

KDA는 '리니지 오브 레전드'의 여성 캐릭터 넷으로 구성된 그룹입니다. 2018년도에 'pop stars'라는 노래로 데뷔를 하였습니다. 현 세계의 여자 아이돌 두 명이 이들의 역할을 해줍니다. 이것도 크리에이티브 AI 기술이 적용된 예라고 할 수 있습니다.

리니지의 가상인간 걸그룹 'KDA' (출처: OSEN)

또 다른 예로 그룹 이터니티(ETERNITY)가 있습니다. 2021년 3월 AI 아이돌 챌린지에서 최종적으로 여자 11명을 뽑아 걸그룹으로 데뷔하였습니다. 멤버들은 모두 펄스나인의 딥리얼 AI 기술을 가지고 만든 가상인간입니다. 즉 현실에서는 존재하지 않는 사람들입니다. 이들은 'I'm real'이라고 하는 뮤직 비디오를 발표했습니다. 뮤직 비디오는 유튜브 조회 수 88만 회를 기록하는 등 사람들의 관심을 모으는 데 성공하였습니다. 그러나 AI 기술의 완성도가 높지 않아서 부자연스럽다는 반응이 있었습니다. 활동에 대해서 부정적인 댓글도 많이 달렸습니다.

하지만 기술적 단점들을 하나씩 보완하고 팬들과 점점 소통도 더 많이 하며 이미지 변신을 꾀하기 시작했습니다. 그리고 세계관을 만들었습니다. 외계 행성 아이아(AIA)라는 곳에서 와서 인간들과 함께 활동하는 세계관을 만든 것입니다. 이터니티는 솔로로도 활동하는 등 다양한 방식으로 활동을 이어가고 있습니다.

펄스나인의 11인조 AI 가상인간 그룹 '이터니티' (출처: 한경닷컴 게임톡)

최근 가상인간들이 주목받게 된 이유는 무엇일까요? 기업의 전속 모델이 개인 이미지에 안 좋은 영향을 끼치는 일을 하였을 때 그 손해는 브랜드에 고스란히 돌아가게 됩니다. 그런데 이들은 컴퓨터 그래픽이기 때문에 개인적인 일이 있을 수 없고, 브랜드에 손해를 끼칠 일도 없습니다.

계약 기간에도 제한이 없어서 재계약 시 드는 비용과 그 밖의 유지비가 거의 들지 않습니다. 초기의 개발 비용과 업그레이드 비용 등만 부담하면 되기 때문에 비용이 적게 드는 것입니다. 코로나19 등 전염병으로 대외 활동에 지장이 있는 시기에도 이동이 자유롭습니다. 이런 장점 때문에 유명 브랜드들은 앞다투어 가상인간 모델을 만드는 것입니다.

한편 LG전자에서도 버추얼 모델을 공개했습니다. 서울에 거주하는 23세의 뮤지션 가상 인플루언서 '김래아'입니다. 외모는 길을 지나며 흔히 볼 수 있는 스타일로 만들었습니다.

가상인간 '김래아' (출처: 매거진 한경)

가상 인플루언서 중 가장 유명한 것은 2019년 캘빈클라인 광고에 등장한 릴 미켈라(Lil Miquela)입니다. 해외에서는 이미 2017년부터 가상 인플루언서가 유행이었습니다. 릴 미켈라는 인스타그램 팔로워가 300만 명이 넘고 포스팅은 개당 약 950만 원에 거래되고 있습니다. 2019년 한 해에만 약 130억 원 넘게 수익을 내기도 하였습니다.

릴 미켈라는 브라질계 미국인으로 LA 출신입니다. 그녀는 패션 인플루언서로서 이미 여러 브랜드로부터 스카웃 제의를 받았습니다. 그리고 음원 발표로 수백만 뷰를 기록하고 있고, 코첼라 페스티벌(Coachella Vally Muysic and Art Festival)에 등장하기도 하였습니다.

가상인간 릴 미켈라 (출처: 정보통신신문)

한국에서 가장 인기 있는 가상인간을 알아보겠습니다. 이름은 '로지'입니다. 로지는 2020년 8월부터 SNS를 통해 실제 사람처럼 활동하다 12월부터 가상인물임을 밝히면서 주목을 받았습니다. 신한은행의 광고 모델로 출연하여 이름을 알리기 시작하여 다양한 광고 모델로 활동하고 있습니다.

한국의 가상인간 로지 (출처: 한경 IT · 과학)

　다음으로 소개할 가상 인간은 흑인 여성 모델 슈두(Shudu)입니다. 그녀는 영국 출신의 사진작가 제임스 윌슨(Cameron-James Wilson)이 만든 가상인간입니다. 슈두의 팔로워 수는 약 21만 명입니다.

　이렇게 실제 인물 기반 인플루언서가 있는가 하면 애니를 기반으로 한 인플루언서들도 있습니다.

　첫 번째 인물은 게임 리그 오브 레전드의 세라핀(Seraphine)입니다. 세라핀의 SNS 계정을 라이엇 게임즈가 만든 것이란 소문이 돌자마자 수만 명의 팬들이 몰려들었고 현재 팔로워 수는 44만 명 정도입니다.

　세라핀의 인기로 2020년 기준 하루 평균 800만 명의 유저들을 리그 오브 레전드에 접속하고 있습니다. 그 외에도 음원 발표 및 모델 활동으로 라이엇 게임즈에 부수입을 안겨 주고 있습니다.

　비즈니스 인사이더에 따르면 지난해 기업들이 인플루언서 마케팅에 지급한 비용이 약 9조 원이라고 합니다. 2022년에는 17조 원까지 늘어날 것으로 예상됩니다.

과연 가상 인플루언스는 유명한 사람을 대체할 수 있을까요? 여러 브랜드들의 관심이 높아지고 있습니다.

7 메타버스 시대 정말 도래할까?

코로나19의 확산으로 팬데믹 사태가 온 지도 어느덧 2년이 다 되어가고 있습니다. 그동안 우리 사회는 많은 변화를 겪었습니다.

어제 엘리베이터를 이용하였는데 엘리베이터가 멈춰 문이 열리자 안에 한 이웃이 있었습니다. 그분은 마스크를 쓰고 있지 않았습니다. 아마 마스크를 깜빡하고 나온 모양이라고 생각하고 그러려니 하고 넘어가려고 하였습니다. 그런데 그 이웃은 엘리베이터에서 내릴 때까지 이 상황이 어색한지 뒤돌아서서 연신 마스크를 쓰고 오지 않아 미안하다고 하였습니다. 우리는 이미 마스크를 쓰고 있는 상황이 익숙해져 버린 모양입니다. 좀 과장해서 이야기하면 영화 속의 모든 장면들이 마스크를 쓰지 않고 있기 때문에 가끔 영화를 보는 게 어색할 때가 있습니다. 비대면 문화의 확산으로 이미 행동 양식이 바뀌기 시작한 것입니다.

전염병은 우리가 사는 곳의 모습도 바꾸어 놓았습니다. 식당, 도서관과 같은 사람들이 많이 모이는 장소의 테이블 배치가 바뀌고 비워 놓는 자리도 생기면서 행동반경이 바뀌었습니다.

도시 설계에 영향을 주기도 합니다. 과거 많은 사망자를 냈었던 흑사병을 경험한 이탈리아에 팔마노바라는 도시가 있습니다. 이 도시는 앞으로 또 이런 전염병의 대유행 상황을 대비하여 설계되었습니다. 이 도시의 전체적인 모습은 원형입니다. 흑사병을 겪은 이후 감염병을 효과적으로 관리하기 위해 설계된 거미줄 형태의 이탈리아 도시입니다.

팔마노바 도시의 모습 (출처: Expedia)

일단 전염병의 감염이 발생하면 이 도시는 외부 지역과 봉쇄하도록 설계되었습니다. 그리고 이 안에서 사람들이 오랫동안 고립되어 버틸 수 있도록 우물과 도로를 배치하였습니다.

요즘 시대에도 이와 같은 도시 설계의 예가 있습니다. 코로나19와 같은 전염병 위기 상황에 효율적으로 대처할 수 있는 스마트시티입니다. 스마트시티는 사람과 사람 사이의 접촉을 최소화하도록 설계된 도시입니다. 이 안에서 재택근무, 화상회의, 원격교육과 같은 것들을 원활히 수행할 수 있습니다.

여기서 '스마트시티'란 첨단 정보통신 기술을 이용해 도시의 교통, 환경, 주거 등 문제를 해결한 도시 계획을 말합니다. 이와 같은 도시가 구현되면 인공지능 로봇이 와서 주차를 도와주고, 몸이 아프면 드론이 와서 바로 병원으로 데려가 줍니다.

펜데믹이 장기화됨으로 인해 도시 설계의 패러다임이 바뀌고 있습니다. 2019년 467조 원 규모였고, 2025년에는 933조 원으로 약 466조 원 이상 성장할 것으로 예상됩니다. 스마트시티 시장 규모는 앞으로도 증가할 것입니다.

우리나라도 포스트 코로나 시대에 대비하는 스마트시티 건설이 추진되고 있습니다. 5년간 10조 원을 투자해서 부산과 세종에 스마트시티를 건설하겠다는 방침을 밝히고 이미 시작되었습니다. 2023년 입주가 예정입니다.

전 세계적으로 스마트시티에 대한 열기가 굉장히 뜨겁습니다. 그런데 구글에서 2년 동안 캐나다의 토론토에 스마트시티를 건설하기로 결정을 했었습니다. 엄청난 자본이 몰릴 것으로 예상하였으나 구글은 스마트시티 건설을 결국 포기했습니다.

스마트시티를 짓기 위해서는 많은 사람의 데이터가 필요합니다. 그러다 보니 개인정보나 사생활 침해 문제가 생길 수 있습니다.

캐나다의 시민단체가 잘 들여다보았더니 시민들의 동선, 위치, 얼굴이 지나치게 노출되기 때문에 개인의 사생활 침해 요소가 너무 강하다는 결론을 내렸습니다. 그리고 지역 주민들이 이것에 공감하기 시작했습니다. 주 정부에서는 결국 허가해 주지 않았고 구글이 포기하였습니다.

일각에서는 스마트시티 기술이 안전을 강화하나 일상을 통제하는 감시 도시가 되는 것이 아니냐는 우려도 나오고 있는 실정입니다. 이에 대안이 될 수 있는 것이 메타버스 도시 건설이 아닌가 생각됩니다. 가상 디지털 공간 안에서는 물리적 법칙이 적용되지 않으니 전염병과 같은 위협에서 자유로울 것입니다.

디지털 가상세계 안에서는 스마트시티에서 구현하고자 하는 일들을 커다란 비용 없이 실현할 수 있습니다. 메타버스는 연결과 접속을 통해 손쉽게 들어갈 수 있는 세계입니다. 이제 스마트시티가 아닌 디지털시티 건설을 통해 우리 사회의 문제를 해결할 수 있을 것입니다.

8 영화 속에 등장한 메타버스 세계

메타버스 세계를 소재로 한 영화 하면 떠오르는 것은 바로 〈매트릭스(Matrix)〉일 것입니다. 매트릭스 하면 떠오르는 대표적인 장면으로 키아누 리브스(Keanu Reeves)가 총알을 피하는 장면과 총알이 그의 앞에서 멈춘 순간을 꼽을 수 있습니다.

가상공간인 매트릭스 공간에서 네오가 총알을 피하는 장면 (출처: 신선뉴스)

1999년 개봉한 이 영화는 곧 다가올 2000년 밀레니엄 시대를 정의한 영화이기도 합니다. 영화의 배경은 2199년이고 인공두뇌를 가진 컴퓨터가 세상을 지배하고 있습니다. 인간들은 태어나자마자 인공 자궁 안에서 AI의 생명 연장을 위한 에너지로 사용됩니다. 그리고 AI에 의해 매트릭스라는 프로그램을 입력 당합니다. 인간의 기억은 그들에 의해 입력되고 삭제되고 있습니다.

가상현실 속에서 살아가는 인간들은 진정한 현실을 인식할 수 없습니다. 따라서 매트릭스는 수동적으로 살아가는 현대인을 의미한다고 할 수 있습니다. 인터넷이나 모바일, VR, AR 기술 등에 의해 좌우된 삶이라고 할 수 있습니다.

그러나 가상세계에서 깨어난 자들이 있습니다. 그중에서 AI에게 가장 위험한 인간으로 알려진 모피어스와 AI에 맞서 싸우는 동료들이 등장합니다. 그들의 최대 목표는 인류를 구원할 '그'(The One)를 찾아내는 것이며 AI 통제 요원들의 감시망을 뚫고 매트릭스 안에 들어가 마침내 '그'를 찾아냅니다. 그의 정체는 유능한 컴퓨터 프로그래머인 토마스 앤더슨이며 낮에는 평범한 회사원으로, 밤에는 '네오'라는 이름으로 컴퓨터 해킹에 나서는 인물입니다.

어느 날 그는 매트릭스 가상세계에서 깨어나 AI에게 양육되고 있는 인간의 실상을 확인하고 매트릭스를 탈출합니다. 매트릭스를 지키고 있는 스미스 요원이 있습니다. 그와 싸운 자 중에 살아남은 사람은 아직 아무도 없습니다. 자신의 능력을 확인한 네오는 매트릭스와 스미스 요원과 맞서 싸웁니다. 이 영화처럼 사람들이 현실인지 가상인지 구별되지 않을 정도의 디지털 가상세계가 곧 구현될 수 있을까요?

현재 상용화가 시도되고 있는 가상세계 구현을 위한 기술들을 살펴보겠습니다. 지금 〈서비스되고 있는 메타버스 플랫폼이나 게임들은 대부분 가상세계 안에 아바타가 있고 내가 아바타를 현실 세계에서 컴퓨터로 조종하는 방식입니다. 좀 더 실재감 있는 메타버스 환경을 제공하기 위해 증강현실이나 가상현실 고글 등을 착용하는 경우가 있고, 햅틱 슈트와 같은 것을 착용하여 실제적 촉감 경험을 제공하고자 하는 노력들을 하고 있습니다. 그러나 이와 같은 기술들은 모두 몸에 거추장스러운 도구들을 착용해야만 하여 실재감이 떨어지고 아직은 가격 경쟁력도 떨어지는 상황입니다.

그렇다면 매트릭스에 나온 실재감 있는 가상세계 구현은 먼 미래의 일일까요? 우리는 테슬라의 CEO 일론 머스크가 설립한 뇌 연구 스타트업 '뉴럴링크'에 주목할 필요가 있습니다.

여기서 연구하는 내용을 요약하면 뇌에 작은 전극을 이식해서 컴퓨터와 두 뇌를 연결하여 인간이 더 높은 수준의 기능에 도달할 수 있게 하는 것입니다. 이와 같은 기술 연구가 성공한다면 영화 〈매트릭스〉가 현실이 될지도 모르겠습니다. 물론 긍정적인 부분들만 현실이 될 수 있도록 노력해야하겠습니다.

메타버스 세계를 소재로 한 두 번째 영화는 바로 〈레디플레이어 원〉입니다. 이 영화는 2018년에 나온 메타버스를 주제로 한 블록버스터 영화입니다. 영화의 시간적 배경은 2045년이고 가상세계인 오아시스(OASIS)를 개발한 세계 최대 기업 '그리레이어스 게임즈(Gregarious Games)'와 그 뒤를 잇는 기업인 '혁신 온라인 산업(Innovative Online Industries)'이 라이벌 관계로 나옵니다. 오아시스는 상상을 현실로 이루어 주는 가상세계입니다.

영화 〈레디플레이어 원〉 (출처: 서울경제)

오아이스(OASIS)의 창시자인 할리 데이가 죽으면서 유언으로 자신이 가상 세계 속에 세 개의 임무를 숨겨 놓았고 오아시스 안에 있는 세 개의 열쇠를 얻어 자신의 '이스터 에그(Easter Egg)'를 찾아낸 사람에게 오아시스의 운영권과 회사 지분을 상속한다는 내용을 남깁니다. 주인공인 웨이드는 오아시스 안에서 퍼시벌(ParZibal)이라는 이름으로 활동하며 친구들은 그를 Z라고 부릅니다.

첫 번째 임무는 자동차 경주였습니다. 쥐라기 공원의 렉시와 콩이 경기를 방해하며 결승선에는 킹콩이 가로막고 있습니다. 웨이드는 '할리데이 저널'로 가서 할리데이의 말을 여러 번 생각해 보다가 "전속력으로 뒤로 페달을 밟는 건 어때?"라는 말에 주목합니다. 그리고 애초에 킹콩이 가로막고 있었기 때문에 정상적인 방법으로는 완주할 수 없는 경주라는 사실을 깨닫게 됩니다.

다음 경주에서 퍼시벌은 다른 차들이 전속력으로 출발할 때 가만히 있다가 혼자 남게 되자 전속력으로 후진합니다. 출발 지점의 벽에 부딪히려는 순간 바닥이 꺼지더니 지하에 난 길을 달리며 위로 보이는 지상의 상황을 바라보게 됩니다. 그렇게 길을 따라가다가 결승 지점 바로 앞에서 차가 올라왔고 킹콩이 따라붙었으나 퍼시벌은 최초의 승리자가 되어 첫 번째 열쇠를 받게 됩니다.

퍼시벌은 결국 어드벤처 게임을 클리어 하여 마지막 열쇠까지 얻습니다. 오아시스 경영권을 갖게 된 웨이드는 모든 로열티 센터의 오아시스 접속을 차단해 폐쇄시킵니다. 그리고 화요일과 금요일에는 오아시스를 닫습니다. 이는 플레이어들이 지나치게 가상현실에만 몰두하지 않고 진짜 현실의 사람들과 시간을 보내길 바라는 마음에서였습니다.

이 영화는 실제 현실보다 가상현실에 머무는 시간이 더 많아질 미래 사회의 모습을 잘 그려낸 영화입니다. 가상세계에 접속할 수 있는 기기를 착용하면 자신의 외모를 마음대로 바꾸고 원하는 곳 어디로든 여행이 가능합니다. 이 때문에 사람들은 가상세계를 현실 세계보다 더욱 매력적으로 여기는지도 모릅니다.

영화에서는 4차 산업혁명의 풍경이 잔뜩 펼쳐집니다. 주인공 웨이드는 오아시스라고 불리는 가상세계에서 대부분 시간을 보냅니다. 영화 속 인물들에게 가상세계와 현실 세계의 경계가 모호합니다. 이러한 세상에 대비하기 위하여 우리는 가상세계와 현실 세계가 잘 조화될 수 있도록 하는 방법들을 미리 강구해 놓아야 합니다.

예전에 이런 말이 있었습니다. 바로 '개천에서 용 난다'는 말입니다. 개천은 척박하고 결핍이 있는 환경을 말합니다. 그러나 요즘에는 이 말이 '개천에서는 용이 날 수 없다'로 바뀌었습니다. 끊임없이 들려오는 공정에 관한 잡음들을 종합해 보면 계층 간 이동이 쉽지만은 않아 보입니다.

그러나 우리는 메타버스를 통해 계층을 바꾸는 이동 사다리를 복원할 수 있을까요? 가상세계 안에서도 사회의 계층은 나누어져 있을 것입니다. 〈레디 플레이어 원〉을 보면 햅틱 슈트 가격에 따라 촉감을 느끼는 기능의 유무 등 기능의 차이가 있었습니다. 성능이 더 좋은 제품을 사용하는 자가 그 가상세계 안에서 더 나은 인생을 살게 되고 성능 좋은 제품은 현실 세계에서 더 많은 부를 가진 사람이 가질 수 있을 것입니다. 그러나 새로운 공간이 출현함으로써 그 안에서의 새로운 질서가 생겨날 것입니다.그리고 그 안에서는 물리적 법칙이 작용하지 않고 무한한 세계이니 좀 더 평등한 사회가 되지 않을까 생각해 봅니다.

세 번째 영화는 제임스 카메론(James Cameron) 감독의 〈아바타(Avata)〉입니다. 2009년 12월 개봉되어 무려 1,362만 명 이상이 관람한 흥행작입니다.

2150년대 인류는 1kg에 2,000만 달러의 가치를 가지는 자원인 언옵테늄(Unobtainium)을 얻기 위해 판도라 행성을 개발하러 떠납니다. 그곳은 큰 땅이 공중에 떠 있고, 커다란 나무들이 수북하게 우거진 행성입니다. 인간들은 그곳에 군대를 보내고 자원을 채취하는 작업을 시작했습니다. 그러나 한 가지 문제가 있었습니다. 이곳의 대기는 이산화탄소의 농도가 지구의 6,000배로 매우 높고 황산과 같은 유독 물질도 포함되어 있다는 점이었습니다. 따라서 이를 해결하기 위한 산소 마스크를 쓰고 다녀야 했습니다. 그런데 이곳에는 판도라 행성 원주민인 나비족이 살고 있었습니다. 인간들은 이들과 서로 교류하기 위해 인간과 나비족의 DNA를 섞어 아바타를 만듭니다.

영화 〈아바타〉 (출처: 아시아타임즈)

　여기까지의 이야기를 잘 생각해 보면 어스2가 떠오릅니다. 어스2에서도 타일 안에 여러 자원들이 매장되어 있어 우리가 그것을 채굴하기 위해 타일을 구매하러 가상세계로 떠납니다. 그런데 이곳에는 인공지능 기술이 결합된 가상인간 NPC들이 원주민으로 살고 있습니다. 우리가 접촉하고 대화를 나누는 이들이 NPC인지 나와 같이 가상세계를 방문한 실제 사람인지 얼핏 봐서는 구별할 수가 없습니다. 가상인간 NPC는 NPC와 인간을 결합하여 만든 새로운 형태의 인간이라고 볼 수 있을 것 같습니다.

제이크 설리(Jake Sully)는 형의 죽음으로 그가 조종 예정이었던 아바타를 조종하게 됩니다. 하반신 마비 장애를 가지고 있었던 제이크 설리는 아바타 신체 접속 실험에 성공하자 몇십 년 만에 걸을 수 있게 되어 즐거움을 만끽합니다. 제이크는 바로 미션 수행을 위해 투입되었고 사령관인 마일즈 쿼리치 대령(Colonel Miles Quaritch)은 그에게 이번 임무를 잘 완수하고 나면 다시 걸을 수 있게 치료해 준다고 약속합니다.

이 대목은 일본의 아바타 원격 체험 서비스 아바타인(Avatarin)을 연상시킵니다. 아직 베타 서비스 단계이지만 비용을 내면 서비스를 제공받을 수 있습니다. 우리는 이 아바타 로봇을 이용해서 나 대신 로봇이 출근을 해준다든지, 미술관과 같은 곳에 대신 체험을 보낼 수 있습니다.

이 서비스는 일본의 ANA 홀딩스라는 곳에서 시작되었습니다. 이용 시간은 30분간이고 로봇을 이용해서 원격 체험을 할 수 있습니다. 현재는 PC로 제어하지만 추후에는 스마트폰으로 제어가 가능하도록 연구하는 단계입니다. 비용은 2만 원~3만 5,000원 정도입니다. 미술관 체험을 예로 들면 길을 안내해 주는 사람이 있고 이용자는 PC를 이용해 방향키로 로봇을 조종할 수 있습니다.

이 로봇은 인공지능 엔트리 로봇처럼 아래쪽에 카메라가 있기 때문에 바닥의 장애물을 감지해 안전하게 돌아다닐 수 있다고 합니다.

인공지능 자율주행차처럼 다른 사람이 가까이 오면 자동으로 정지하는 기능이 있어 사람들이 안전하게 이용할 수 있습니다. 이 로봇은 사람이 천천히

걷는 속도로 주행한다고 합니다.

의료 목적으로도 이용할 수 있습니다. 몸이 아픈데 병원에 오지 못하는 사람들에게는 원격 진료용 로봇으로 활용할 수 있습니다.

또한, 아바타에 접속해서 자유롭게 달릴 수 있게 된 제이크 설리처럼 몸을 움직일 수 없는 장애인이 로봇을 이용해 활동을 할 수 있는 기회를 제공해 줄 수 있습니다. 향후 뇌신경망과 아바타 로봇을 연결하여 보다 정교한 활동을 할 수 있을 것입니다.

한편 제이크는 아바타로 작전을 펼치던 중 팔루루칸(Palulukan)의 공격으로 숲속에서 고립됩니다. 제이크를 발견한 오마티카야 부족장의 딸 네이티리는 화살로 그를 겨누며 경계하지만 에이와의 계시를 느껴 그를 살려줍니다. 밤이 되자 또 위험에 처한 제이크를 네이티리가 또 구해줍니다.

이 일을 계기로 제이크는 오마티카야 부족장 에이투칸(Eytukan)에게 신뢰를 얻어 그들과 함께 지내는 방법을 배우게 됩니다. 신경삭을 이용하여 이크란(Ikran)이라는 새를 타는 방법도 익힙니다. 부대에서는 제이크가 스파이로 활동하기 원하고 그도 이를 수락합니다.

제이크가 신경삭을 이크란의 신경삭과 결합하여 새를 타는 장면은 마치 우리가 VR 기기를 이용해 가상세계와 접속하는 장면을 연상시킵니다. 향후 나올 메타버스 기술은 현실에서 느끼는 감각들은 잠시 중지시키고 가상세계에서의 신경 반응만 가능하도록 하는 기술이 나올 것입니다.

한편 시간이 지날수록 제이크는 나비족에게 점점 동화되어 가고 쿼리치 대령의 명령으로 불도저가 그들의 삶의 터전을 무차별하게 짓밟아 버리자 이에 맞서게 됩니다. 그레이스 박사는 판도라 행성의 모든 생명들이 하나로 연결되어 있고 교감을 통해 의사소통한다는 사실을 밝혀내 지금 하는 일들을 멈

추도록 권유합니다. 제이크는 나비족을 설득해 보겠다며 1시간의 유예를 얻고서 그레이스와 아바타에 접속해 나비족을 설득하고자 합니다. 그 과정에서 제이크는 네이티리에게 자신이 스파이였음을 말하고 나비족은 그레이스와 제이크에게 배신감을 느껴 처형시키려고 합니다.

그때 쿼리치 대령이 폭격을 하여 홈트리를 쓰러뜨리고 나비족들을 무차별하게 죽입니다. 네이티리의 어머니는 우리를 도와달라고 호소하며 그들을 풀어줍니다. 그러나 본부에서 아바타 접속을 강제로 끊어 버리고 그들을 영창에 가두어 버립니다.

어쨌든 전쟁에 승리한 나비족은 지구인들을 전부 돌려보내고 나비족을 도왔던 몇몇 부대원들은 판도라에 남을 수 있게 됩니다. 제이크는 자신의 정신을 아바타의 육체로 이동시키는 의식을 하게 되고 완전한 나비족으로 눈을 뜬 제이크의 얼굴이 나오며 영화는 끝이 납니다.

어찌 보면 앞으로 가상세계에 살 수도 있는 우리의 미래 모습이 아닐까 생각합니다. 현실 세계의 제이크는 이제 존재하지 않지만 가상세계와 대응되는 판도라 행성에서 영원히 아바타로 살아가는 것처럼 말입니다.

CHAPTER 7

2억 명이 선택한 메타버스 플랫폼,
제페토 100% 즐기기

2억 명이 선택한 메타버스 플랫폼, 제페토 100% 즐기기

이번 장에서는 제페토 활용 방법과 수익 창출 방법에 대해 알아보겠습니다.

1 설치 및 가입하기

가. 설치하기

제페토를 설치하는 방법을 알아보겠습니다.

* 제페토는 모바일, 태블릿 PC 환경에서 이용할 수 있습니다.

1) 스마트폰이나 태블릿 pc를 이용해 플레이스토어에서 '제페토'를 검색한 후 설치합니다.

2) 설치가 다 끝나면 '열기' 버튼을 눌러 실행합니다. 그리고 제페토에서 기본적으로 제공하는 캐릭터 중에 하나를 선택하고 '다음' 버튼을 누릅니다.

3) 캐릭터의 이름을 입력한 후, '다음' 버튼을 눌러 아바타의 생년월일도 입력합니다.

나. 회원 가입하기

제페토를 좀 더 재미있게 즐기기 위해서는 회원 가입을 하면 좋습니다. 회원 가입 방법을 알아보겠습니다.

1) 오른쪽 하단의 프로필 탭을 누른 후, 화면 중앙에 있는 '제페토 가입하기' 버튼을 누릅니다.

2) 휴대전화 번호, 이메일, 페이스북, 카카오톡, 트위터, 네이버 라인 중 한 가지를 선택하여 가입 절차에 따라 회원 가입을 완료합니다.

2 나만의 아바타 꾸미기

가. 캐릭터 선택하기

제페토를 초기 실행할 때 제공하는 기본 캐릭터를 선택하는 방법 이외에 세 가지 방법으로 캐릭터를 만들 수 있습니다.

* 카메라로 사진을 찍어 캐릭터를 만드는 방법

* 스마트폰에 저장된 사진으로 캐릭터를 만드는 방법

* 캐릭터를 구매하여 추가하는 방법

1) 카메라로 사진을 찍어 캐릭터를 만드는 방법을 알아보겠습니다.

가) 오른쪽 하단의 프로필 탭을 누릅니다.

나) '캐릭터 추가' 버튼을 누른 후, 왼쪽 하단의 톱니바퀴 모양의 '관리' 버튼을
누릅니다.

다) 화면 중앙의 '초기화'를 누른 후, 원하는 성별을 선택합니다. 이때 현실 세계
의 성별과 다르게 성별 설정이 가능합니다.

라) '셀카로 만들기' 버튼을 누르고, 하얀색 원 안에 얼굴이 들어오도록 하여 사진을 찍습니다.

마) 캐릭터 얼굴에 나의 실제 이미지가 섞인 것을 알 수 있습니다. 피부 선택 후, 얼굴을 확인한 후 '완료하기' 버튼을 누릅니다. 이때 만약 사진을 다시 촬영하고 싶으면 '사진 바꾸기' 버튼을 누릅니다.

바) 캐릭터의 체형을 선택해 주고, 아이템 등으로 캐릭터를 꾸민 후 '저장' 버튼
을 누릅니다.

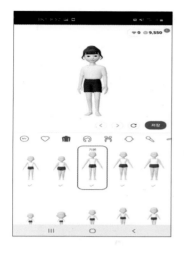 

2) 스마트폰에 저장된 사진으로 캐릭터를 만드는 방법을 알아보겠습니다.

가) 프로필-캐릭터 추가-관리-초기화의 과정을 거치면 아래와 같은 메뉴가 나
옵니다.

나) '사진으로 만들기' 버튼을 누르고 저장된
사진 중 마음에 드는 사진을 고릅니다.
피부색을 선택해 주고 앞에서와 마찬가
지로 아이템 등으로 캐릭터를 꾸며준 후
저장을 누릅니다.

3) 이번에는 캐릭터를 구매하여 추가하는 방법을 알아보겠습니다.

- 프로필 탭을 누르고 오른쪽 중앙의 십자(+) 모양을 눌러 캐릭터를 구매
하여 추가할 수 있습니다.

나. 아바타 꾸미기

1) 얼굴 꾸미기

제페토에서는 누구나 메이크업 아티스트가 될 수 있습니다. 캐릭터 얼굴을
내가 원하는 모습으로 수정하는 방법을 알아보겠습니다.

가) 얼굴형 수정하기

① 메인 화면에서 오른쪽 중앙의 '캐릭터' 버튼을 누릅니다.

② 오른쪽 상단의 사람 모양을 누릅니다.

③ 얼굴 모양 탭을 누르고 얼굴형을 선택한 후, 세부적인 수정을 위해 커
스텀 아이콘을 누릅니다.

④ 먼저 얼굴 앞모습을 수정해 보겠습니다. 수정을 원하는 부분에 있는
하얀색 원을 선택합니다.

⑤ 수정을 원하는 부위를 선택하면 가로와 세로 조절 바가 생깁니다. 세
로 조절 바는 길이를, 가로 조절 바는 너비를 조절할 때 이용합니다.

| 얼굴 너비와 턱의 길이 조절 전 |　　　| 얼굴 너비와 턱의 길이 조절 후 |

⑥ 앞모습의 수정이 끝났으면 옆모습 탭을 선택하여 옆모습도 같은 방법
으로 수정해 줍니다. 수정이 끝나면 오른쪽 상단의 '확인' 버튼을 눌러
줍니다.

‒ 하단 오른쪽에 있는 무지개색 도넛을 클릭하면 젬을 지급해 구매 기간
동안 헤어, 피부, 눈썹 등 모든 얼굴 파트의 컬러를 자유롭게 바꿀 수 있
는 옵션이 나옵니다.

★ 피부색, 메이크업, 헤어스타일, 눈과 눈썹 꾸미기, 마스카라, 헤어스타일 등을 자유롭게 꾸미며 나만의 개성을 살린 캐릭터를 만들 수 있습니다.

나) 아이템으로 꾸미기

– 오른쪽 상단의 옷 모양 아이콘을 누르고 원하는 아이템을 착용해 봅니다. 아이템이 마음에 들면 구매 버튼을 눌러 아이템을 구매합니다.

다. 방 꾸미기

1) 전등 모양의 아이콘을 누르면 방을 꾸밀 수 있습니다. '+' 표시가 되어 있는 곳은 아이템을 배치할 수 있습니다. 바닥의 '+' 버튼을 누르면 바닥을 꾸밀 수 있는 아이템들이 나옵니다. 원하는 바닥 디자인을 구매하거나 무료로 제공하는 아이템을 이용하여 선택해 줍니다.

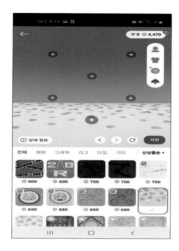

2) 방 안의 다른 공간들도 마찬가지 방법으로 꾸며 주고 아이템 구매 후, 저장 버튼을 누릅니다.

3 제페토 체험해 보기

제페토 캐릭터를 꾸며 나만의 아바타가 완성되었으면 이제 제페토 월드로 출발!

가. 월드에 들어가 보기

제페토 안에는 우리가 즐길 수 있는 다양한 공간들이 마련되어 있습니다. 요즘 가장 인기 있는 맵인 롯데월드에 들어가 보겠습니다.

1) 롯데월드 입장하기

① 맨 하단의 월드 탭을 누릅니다.

② 돋보기 그림을 누른 후 검색창에 '롯데월드'를 입력해서 월드를 찾은 후 클릭하고 플레이 버튼을 눌러 입장합니다. 롯데월드 맵의 현재 콘셉트는 핼러윈 데이입니다.

2) 기본 조작 방법

① 왼쪽 하단의 하얀색 원을 가고 싶은 방향으로 끌어오면 아바타가 걸어
서 움직입니다. 그리고 하얀색 원을 테두리 원 바깥쪽까지 끌어당기면
아바타가 빠르게 달리기 시작합니다.

| 아바타가 걷는 모습 | | 아바타가 달리는 모습 |

② 길을 가다가 보이는 주사위 모양의 아이콘을 누르면 좀비 움직임을 취하거나 벤치에 앉을 수 있습니다. 어떤 월드에서는 손바닥 모양의 아이콘으로 나오기도 합니다. 아래의 마이크 모양 아이콘을 누르면 음성 대화가 가능하고 메시지 입력창을 통해 방 안에 있는 사람과 채팅을 할 수도 있습니다.

| 캐릭터가 좀비 움직임을 취하는 모습 |

| 벤치에 표시된 주사위 모양의 아이콘 |　　　| 벤치에 앉자 손뼉을 치는 모습 |

3) 롯데월드 즐기기

가) 아이템 얻기

아바타가 한참을 달리자 막다른 길이 나왔습니다. 손바닥 모양의 아이콘을 클릭하자 아이템을 획득하였습니다. 아이템을 바꿀 수도 있고 가지고 다닐 수도 있습니다.

나) 좀비로 변한 아바타

월드 안에 있는 좀비 아바타와 접촉하자 내 아바타가 좀비로 변하였습니다! 조금 지나니 자연히 원래대로 돌아왔습니다.

다) 아틀란티스 포탈로 미지의 공간 이동하기

아틀란티스 포탈에 다가가자 화살표 모양의 아이콘이 나왔습니다. 아이콘을 누르자 숨겨진 공간으로 순간 이동하였습니다. 잘 보니 기차 레일이 있습니다. 이곳은 과연 어디일까요?

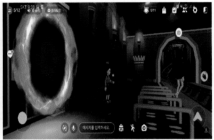

라) 플룸라이드를 타고 짜릿함을 느끼다.

플랫폼 같은 곳에서 조금 기다리니 플룸라이드가 도착했습니다. 플룸라이드에 점프하여 올라탄 후, 손 모양의 아이콘을 클릭하면 아바타가 플룸라이드에 앉아서 탈 수 있습니다. 그러나 플룸라이드 위에 점프해서 올라가서 의자에 앉지 못하면 출발한 지 얼마 안 돼서 다시 플랫폼으로 소환됩니다. 가상공간이지만 안전을 위해서인 것 같습니다.

플룸라이드가 출발하였습니다. 여러 아바타들이 짜릿함에 소리를 엄청 질러 귀가 아플 정도였습니다. 화면을 눌러 이리저리 움직이면 아래와 같이 아바타가 바라보는 시점을 변화시킬 수도 있습니다.

역시 롯데월드였습니다. 플룸라이드는 구불구불한 레일을 스릴 있게 요리조리 다녔습니다.

마) 롯데월드에서의 추억을 간직하며 셀카 찍기

화면 오른쪽 하단의 카메라 버튼을 누르면 아래와 같이 내 캐릭터가 셀카를 찍을 수 있습니다. 피드 올리기를 통해 다른 사용자들과 공유할 수도 있습니다.

4) 월드에서 나오기

가) 오른쪽 상단의 문 모양 아이콘을 누릅니다.

나) 방나가기 버튼을 누르면 메인 화면으로 돌아갑니다.

나. 포토부스에서 사진 찍기

1) 메인 화면에서 하단 중앙의 '+'를 누른 후, 원하는 카테고리를 선택합니다.

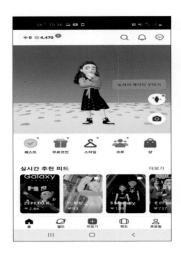

2) 카테고리 내에서 내 아바타가 취했으면 하는 포즈의 사진이나 동영상을 선택
합니다. 동영상에는 섬네일에 카메라 표시가 되어 있습니다. 가을 단풍을 컨
셉으로 한 사진을 선택해 보겠습니다.

3) 원하는 사진이나 동영상을 선택하면 내 아
바타가 사진이나 동영상의 콘셉트와 마찬
가지의 포즈를 취합니다. 오른쪽 상단의
메뉴를 통해 사진 배율 조정, 톤 조정, 스
티커 붙이기, 텍스트 입력 작업을 할 수 있
습니다.

4) 왼쪽 하단의 멤버 버튼을 누르면 내 다른
캐릭터나 팔로잉 캐릭터도 같은 컨셉으로 사진을 찍을 수 있습니다. 다른 멤
버를 선택하려면 '❶' 을 눌러 일단 내 캐릭터 옆에 있는 '❶'을 해지해야야
합니다. 해제된 상태에서만 다른 멤버를 클릭하여 사진 속 주인공을 바꿀 수
있습니다.

＊ 프로필 사진을 길게 누르고 있으면 캐릭터 미리 보기가 가능합니다.

5) 완료 버튼을 누르면 사진 속 주인공
이 바뀐 것을 확인할 수 있습니다.

6) 배경 버튼을 누르면 사진의 배경을 변경할 수 있습니다. 사진, 단색, 제페토에
서 제공하는 이미지로 배경을 바꿀 수 있습니다. 저장을 누르면 사진을 저장
하고 공유할 수 있습니다.

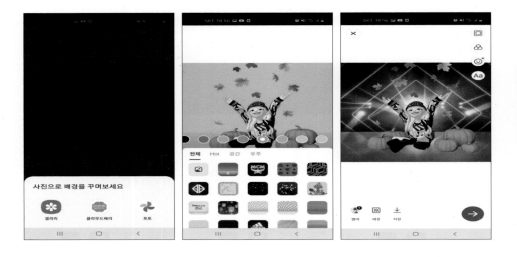

7) 오른쪽 하단의 화살표 버튼을 누르면 제페토에 나의 사진을 게시하고 제페토
   친구들과 공유할 수 있습니다.

다. '동물탐험대' 게임 체험해 보기

★ 하단의 월드를 누르면 'Let's Play!' 항목
에 다양한 게임들이 나오는 것을 볼 수 있
습니다.
'동물탐험대'라는 게임에 입장해 보겠습
니다.

– 게임에 입장해 한참 달려가 보니 점프 맵이 나왔습니다. 이곳은 'Area1' 입니다. 이 블록들을 건너 목적지까지 무사히 도착하면 동물을 구출할 수 있다고 합니다.

– 다양한 모양의 블록들이 나왔습니다.

– 사각형 모양 블록을 클리어 하니 이번에는 둥근 모양의 블록들로 된 점 프 맵이 나왔습니다.

– 에스컬레이터 등 다양한 장치가 있습니다. 현황판에 지역1의 미션 수행
  현황이 나옵니다. 점프 맵을 통과할수록 점점 올라갑니다.

– 위아래로 올라갔다 내려갔다 하는 블록도 있고, 가까워졌다 멀어졌다
  하는 블록들도 있습니다.

만약 중간에 떨어지면 스폰 지점으로 다시 돌아가 시작합니다. 점프 맵을 클리어해 갈수록 점프하다가 허공으로 떨어져도 스폰 지점이 점점 저장되어 아주 처음으로 다시 돌아가지는 않습니다.

동물탐험대 이외에도 다양한 게임들이 많이 있습니다. 게임적 요소가 반영된 월드들도 있으니 독자 여러분들도 제페토에 입장해서 즐겨 보시기 바랍니다.

4 젬과 코인을 모으는 방법

제페토 가상세계에는 가상화폐로 젬과 코인이라는 것이 있습니다. 젬은 현금과 같은 가치를 가지고 특별한 아이템 구매가 가능하기 때문에 제페토 월드에서는 코인보다 가치가 더 높다고 할 수 있습니다. 하지만 제페토를 재미있게 즐기기 위해서는 코인도 있어야 합니다.

젬과 코인은 현금을 사용해 충전하거나 미션 수행 등을 통하여 무료로 얻을 수도 있습니다. 젬과 코인을 모으는 방법을 자세히 알아보도록 하겠습니다.

가. 젬 모으는 방법

1) 미션을 수행해서 모으기

가) 홈 화면의 왼쪽 중앙에 있는 퀘스트 아이콘을 누릅니다.

나) 상단의 '럭키' 탭을 누르고 보라색의 '젬 획득 찬스!'를 누릅니다.

다) 젬을 얻을 수 있는 미션들의 목록이 나옵니다. 이 중 원하는 미션을 선택하여
젬을 획득할 수 있습니다.

2) '헬로월드'에서 젬을 주는 미션 수행하기

가) 메인 화면 검색창이나 월드 탭에서 '헬로월드'를 검색합니다.

나) 헬로월드에 접속하면 헬로월드를 알차게 즐기는 팁이 나오는데 어떻게 보상을 받는지 읽어 봅니다. 'Z' 아이콘 표시가 되어 있는 NPC에 다가가 손 모양의 아이콘을 눌러 NPC의 요구사항을 확인합니다.

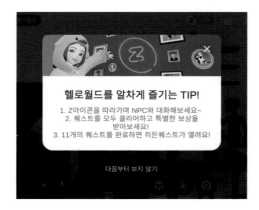

다) 수행해야 하는 미션을 확인한 후, 미션을 수행하면 아래와 같이 미션 수행 상황이 나옵니다.

미션을 끝까지 완수하면 다양한 보상을 얻게 됩니다.

* 젬을 얻을 수 있는 다른 월드도 찾아보기 바랍니다.

나. 코인을 무료로 모으는 방법

1) 퀘스트에서 얻는 방법

퀘스트를 눌러 코인을 받을 수 있는 항목을 확인합니다. 예를 들어 하단의 '캐릭터〉얼굴에 가보자'를 누르면 다음과 같이 100코인을 얻을 수 있습니다. 운이 좋으면 아이템도 얻을 수 있습니다.

2) 럭키에서 얻는 방법

럭키 탭을 눌러 코인을 받을 수 있는 내용을 확인합니다. '인형 뽑기 성공? 실패?'를 눌러 보겠습니다. 아래와 같이 보너스 스크래치를 긁어 결과에 따라 랜덤으로 코인 보상을 받을 수 있습니다. 인형 뽑기 그림을 긁어 곰이 세 마리가 나오면 1,000코인을 받는 이벤트입니다. 긁어 보았는데 곰이 두 마리만 있어서 실패했습니다.

하지만 아래 보너스 스크래치가 있어 한 번의 기회가 더 있었습니다. 보너스 스크래치를 긁자, 100코인을 얻을 수 있었습니다.

5 빌드잇으로 맵 만들기

가. 빌드잇 준비하기

제페토 맵을 만들기 위해서는 '빌드잇'이라는 프로그램을 설치해야 합니다.
'빌드잇'을 설치하고 로그인해서 테스트해 보는 방법을 알아보겠습니다.

1) 제페토 빌드잇 설치하기

가) 네이버 검색창에 '제페토 스튜디오'라고 입력하여 검색 버튼을 누른 후, '빌드잇'을 클릭합니다.

나) 하단의 'check it'을 눌러 권장 사양을 확인한 후, 본인 컴퓨터의 운영 체제에 맞는 프로그램을 선택하여 다운로드합니다.

2) 빌드잇 로그인하기

빌드잇을 실행하면 다음과 같은 화면이 나옵니다. 로그인 방법에는 계정으로 로그인하는 방법과 제페토 앱을 이용한 QR코드로 로그인하는 방법이 있습니다.

가) 계정으로 로그인하기

계정과 관련된 정보를 입력한 후 '완료' 버튼을 누르면 로그인이 됩니다.

나) QR코드로 로그인하기

① QR 로그인 탭을 누르면 다음과 같이 컴퓨터 화면에 QR코드가 뜹니다.

② 스마트폰으로 제페토에 접속하여 프로필 탭을 누릅니다. 화면의 오른
쪽 중앙에 있는 QR코드 모양의 아이콘을 클릭하여 컴퓨터 모니터에
나온 QR코드를 스캔합니다.

③ 컴퓨터 화면의 로그인 버튼을 누르면 빌드잇에 로그인됩니다. 확인 버튼을 누른 후 이용하면 됩니다.

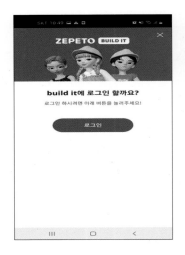 

④ 로그인을 하면 맵 만들기로 선택할 수 있는 다양한 지도가 보입니다. 아무것도 없는 빈 땅인 'plain'과 지형과 건물이 세팅되어 있는 다양한 기본 맵들을 제공하고 있습니다.

나. 맵 테스트 방법

맵을 만드는 중간중간 맵이 제대로 만들어지고 있는지 테스트해 봐야 할
필요성이 있습니다. 맵 테스트 방법을 알아보겠습니다.

1) 화면 오른쪽 상단의 '테스트' 버튼을 누릅니다.

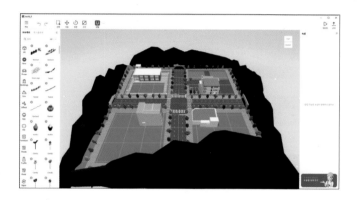

2) 아바타를 조종하며 맵이 제대로 만들어졌는지 확인합니다.

가) 아바타를 움직이는 방법은 다음과 같습니다.

① 방향키를 이용하기

② 알파벳 키를 이용하기

w-앞으로 움직이기

s-뒤로 움직이기

d-오른쪽으로 움직이기

a-왼쪽으로 움직이기

Tip. 마우스를 움직여 캐릭터의 시선을 조정할 수 있습니다.

다. 나만의 맵 만들기

나만의 맵을 만드는 방법을 차례대로 알아보겠습니다. 여기서 맵이란 제페토 내에서 '월드'와 같습니다. 빌드잇에서 기본적으로 제공해 주는 템플릿을 수정하는 방법과 직접 만드는 방법이 있습니다. 여기에서는 직접 만드는 방법에 대해 알아보겠습니다.

1) 어떤 맵을 만들지 정하기

맵을 만들 때 제일 처음 할 일은 맵의 테마나 콘셉트를 정하는 일입니다. 제페토에 접속하여 인기 있는 공식 월드의 주제를 참고하면 좋습니다. 예를 들어 한강공원이나 위에서 체험해 봤던 롯데월드가 있습니다.

2) 맵에 들어갈 콘텐츠 정하기

현실 세계를 참고하여 맵을 만들면 설계하기가 쉬우므로 인터넷을 이용해 사람들이 좋아하는 장소들의 사진이나 영상을 검색해 봅니다. 또는 평소에 구현하고자 했던 내용들을 봅니다.

3) 맵 사이즈를 가늠하기 위하여 맵 위에 캐릭터를 세워볼 수 있습니다. 'NPC'를
   선택해 마우스를 클릭하여 캐릭터를 맵에 세워 봅니다.

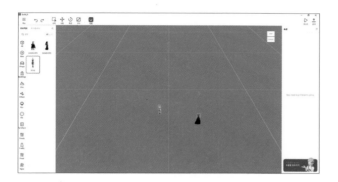

4) 오브젝트와 익스플로러 메뉴 확인하기

① 오브젝트는 건물, 소품 등의 아이템들을 의미합니다.

② 익스플로러는 지형과 같이 맵을 둘러싸고 있는 환경적인 구성 요소들
   을 의미합니다.

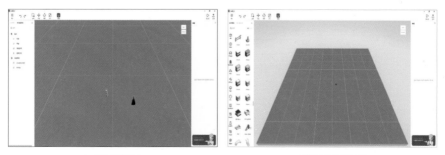

| 오브젝트 | | 벤익스플로러 |

5) 우리들의 비밀 아지트 만들기

빌드잇을 이용해 가상세계 안에서 여러 사람과 교류하기 위한 우리들의 비밀 아지트를 만들어 보도록 하겠습니다.

① 빌드잇에 로그인하여 Plain을 선택합니다.

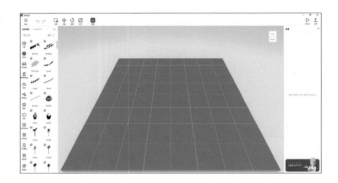

② 지형을 만듭니다. 먼저 돌 지형으로 만들 번화가 부분을 칠해 주고 지형의 우측에는 호수를 만들어 주겠습니다.

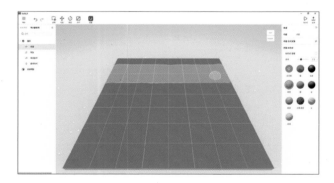

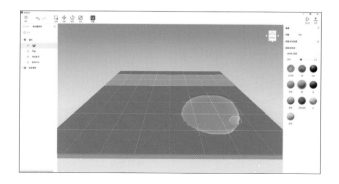

③ 호수 둘레에 벚나무를 심어 주겠습니다.

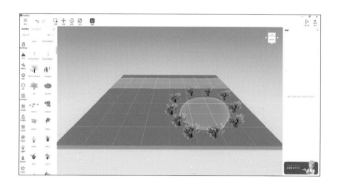

④ 우리만의 비밀 아지트를 지을 터에 돌 지형 효과를 적용하겠습니다.

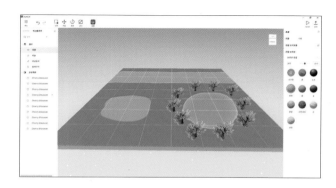

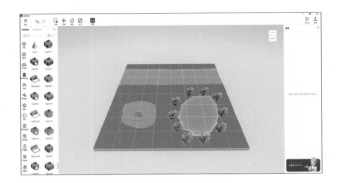

⑤ 오브젝트 메뉴를 활용하여 비밀 아지트 건물을 지어 줍니다.

⑥ 비밀 아지트의 크기가 작아 보이니 화면 상단의 크기 메뉴를 클릭하여
크기를 키우겠습니다.

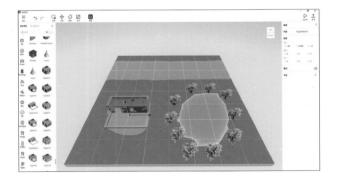

X, Y, Z축을 마우스로 드래그하여 크기, 높이 등을 원하는 사이즈로 조
절합니다.

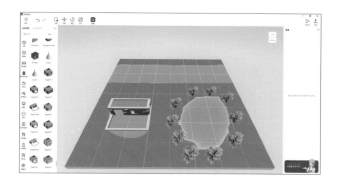

⑦ 큰 건물과 도로를 배치하고 비밀 아지트 앞에 파라솔 오브젝트를 설치합니다. 호수공원에는 햇빛을 피할 파라솔과 벤치를 배치하겠습니다. Spawn(캐릭터가 월드에 입장하여 처음 등장하는 위치)도 알맞은 곳에 설치해 줍니다.

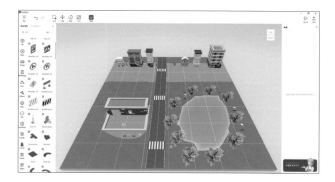

⑧ 맵이 잘 작동하는지 테스트해 보겠습니다.

－맵 테스트를 누르고 캐릭터가 Spawn 오브젝트 위에 잘 나타나는지 확인합니다. Spawn이 설치된 위치도 내가 원하는 위치였는지 확인합니다.

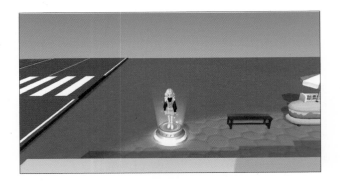

– 비밀 아지트 내부에도 들어가 보겠습니다. 안에 쇼파나 의자와 같은 오
브젝트를 더 배치해야 하겠습니다.

–큰 건물들을 여러 개 배치한 번화가에도 나가 보겠습니다.

– 호수 둘레에 벚나무가 있는 호수공원에 벤치와 파라솔 등 소품이 잘 배치되어 있는지 가보겠습니다. 벤치를 파라솔 쪽으로 좀 더 당겨야 하겠습니다.

⑨ 수정할 사항들을 수정하고 화면 오른쪽 상단의 공개를 눌러 맵을 저장하고 제페토 월드에 공개합니다.

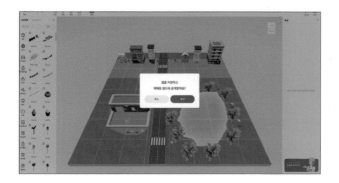

⑩ 맵을 공개하기 위해 맵을 대표할 썸네일과 스크린 숏을 탑재합니다.

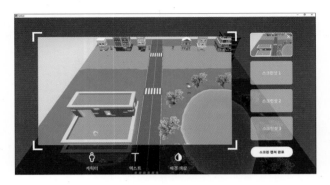

⑪ 키워드도 설정한 후 확인 버튼을 누릅니다. 키워드는 최대 4개까지 지정할 수 있습니다.

⑫ 리뷰 진행하기를 누른 후 확인 버튼을 누릅니다.

– 빌드잇 메인 화면에서 맵이 리뷰 진행 중인 것을 확인할 수 있습니다. 통과하면 제페토에서 정식 월드로 사용할 수 있습니다.

6 아이템 만들어 수익 창출하기

가. 아이템 만드는 방법

아이템은 캐릭터가 입는 옷, 신발 등을 의미합니다. 아이템을 만드는 방법에는 포토샵 등을 이용한 2D로 디자인하는 방법과 마야나 블랜더와 같은 프로그램을 활용하여 3D로 디자인하는 방법이 있습니다.

2D로 디자인하는 방법으로는 미리 캔버스나 이비스페인트 앱에서 제공하는 패턴이나 무늬 이미지를 활용하는 방법도 있습니다.

3D로 디자인하려면 마야나 블랜더와 같은 전문 3D모델링 프로그램을 이용하는 방법이 있습니다. 이것을 활용하면 의상의 모양을 원하는 대로 수정하는 것도 가능합니다. 그러나 복잡한 기능들을 익혀야 하므로 초보자에게 적합하지 않습니다. 그래서 2D 방법의 매우 간단한 방법으로 아이템을 디자인하는 방법을 소개하고자 합니다.

먼저 네이버에서 제페토 스튜디오를 검색하고 제페토 스튜디오에 들어가 로그인을 합니다.

1) 화면 좌측 상단의 '만들기'를 클릭한 후 '아이템'을 선택합니다.

2) 템플릿을 제공하는 다양한 아이템들이 보입니다. 스크롤을 내려 원하는 아이 템을 고릅니다. 아래의 더 보기를 누르면 더욱 다양한 아이템들을 볼 수 있습니다.

3) 한 벌 의상인 슬림핏 여성 정장을 선택하여 간단한 아이템을 만들어 보겠습니다.

4) '템플릿 다운로드'를 눌러 원하는 의상의 템플릿을 다운로드합니다.

5) 템플릿을 다운로드하면 아래의 세 가지 파일이 생깁니다. 맥 사용자는 _
MACOSX 폴더 안에 있는 파일을, 윈도우 이용자의 경우 세 번째 파일인 CR_
DR_15_col 이름의 PSD 파일을 이용하면 됩니다. 가운에 있는 파일은 이미지
파일이므로 신경 쓰지 않아도 됩니다.

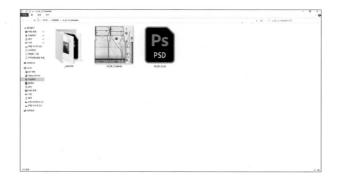

6) 포토샵을 실행하여 템플릿 파일을 불러옵니다. 오른쪽 하단에 템플릿의 레이
어가 나옵니다. 만약 레이어가 보이지 않으면 '창' 메뉴의 레이어에 체크 표시
를 합니다.

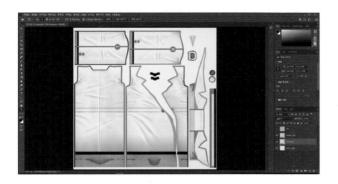

7) 오른쪽 맨 하단의 끝에서 두 번째 아이콘인 + 표시를 눌러 새로운 레이어를 만듭니다. 그림과 같이 '레이어 1'이 새로 생깁니다.

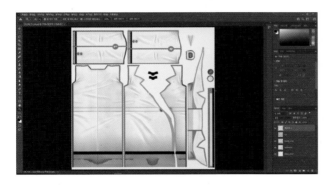

8) 화면 왼쪽의 브러시 아이콘을 클릭합니다.

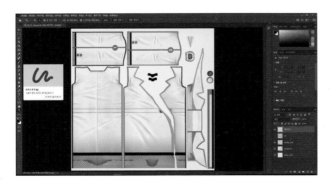

9) 화면 왼쪽 메뉴 중 끝에서 3번째 색상 피커(전경색) 아이콘을 클릭하면 다음 과 같은 창이 나옵니다. 여기에서 원하는 색상을 지정하고 확인 버튼을 누릅 니다.

10) 먼저, Layer 1에 브러시로 빨간색 하트 무늬를 넣어 보겠습니다.

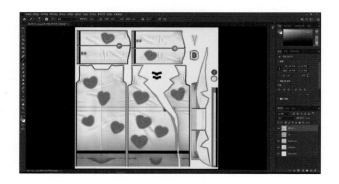

11) Layer 2를 만들고 새로 디자인할 옷의 바탕색으로 할 검은색을 선택하겠습 니다. 그리고 브러시로 전체 배경을 검은색으로 칠해 줍니다.

TIP

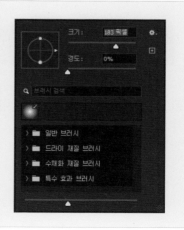

브러시 굵기가 가늘면 작업에 오랜 시간이
걸리므로 마우스 오른쪽 버튼을 클릭하여
나오는 대화창에서 크기 조절 바를 이용해
브러시 굵기를 굵게 조절할 수 있습니다.

12) 화면 오른쪽 하단 메뉴창의 레이어 1을 드래그하여 레이어 2 목록 위로 올려 줍니다.

13) File-내보내기-PNG(으로) 빠른 내보내기를 누릅니다. 저장할 위치를 지정해 주고 파일을 저장합니다.

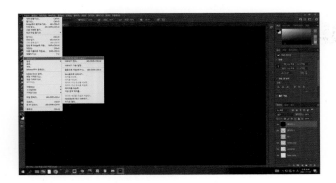

14) 다시 제페토 스튜디오로 돌아와 화면 하단의 업로드하기를 눌러 저장한 PNG 파일을 업로드합니다.

15) 디자인한 옷을 미리 보기로 확인할 수 있습니다. 디자인이 마음에 들면 상단
의 확인 버튼을 누릅니다.

16) 상품명, 태그, 가격 등 상세 정보를 입력하고 심사 제출하기 버튼을 누릅니다.

17) 심사 가이드라인을 점검하고 심사 제출하기 버튼을 누릅니다.

TIP

템플릿을 이용하면 최대 3개까지 심사 요청이 가능합니다.

심사 기간은 최대 2주 정도 걸립니다.

내 콘텐츠에서 아이템 검토 상태를 확인할 수 있습니다.

판매와 지급을 누르면 판매 현황과 아이템 수익 지급 현황을 각각 확인할 수 있습니다.

– 1주일 후, 아이템이 승인되어서 5젬으로 판매가 개시되었습니다.

– 프로필의 아이템 메뉴에 들어가 보면 내가 디자인한 아이템을 확인해 볼 수 있습니다. 내 캐릭터에 내가 만든 아이템을 착용해 볼 수도 있습니다. 내가 디자인을 하였지만 이에 대한 소유권이 있는 것은 아니므로 구매를 해야 정식으로 입을 수 있습니다.

나. 아이템으로 수익 창출하기

1) 아이템 판매 현황 확인하기

심사를 통해 승인된 아이템의 판매 수익을 확인할 수 있습니다. 제페토 스튜디오에 로그인하여 판매 메뉴를 누르면 아이템의 판매 내역을 확인할 수 있습니다. '하트뿅뿅 원피스'가 한 벌 팔린 것을 확인할 수 있습니다.

2) 수익금 출금하기

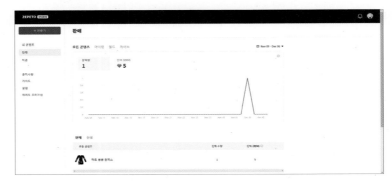

화면 왼쪽의 지급 메뉴를 누르면 수익금 지급 요청을 할 수 있는 창이 나옵니다.

수익금은 최소 5,000젬부터 출금이 가능합니다. 5,000젬은 환율에 따라 가치가 변하지만 대략 12만 원 정도에 해당하는 금액입니다. 매달 25일에서 30일 사이에 한 달에 한 번 출금 신청을 할 수 있습니다. 수익금 출금 요건에 충족되면 Paypal 계좌로 지급됩니다. 따라서 제페토에서 아이템 만들기로 수익을 거두려면 Paypal 계좌를 가지고 있어야 합니다.

지금까지 아이템 만들기를 통해 수익을 창출하는 방법을 알아봤습니다. 제페토에서 수익을 창출하는 방법에는 이 외에도 프로그래밍 언어로 월드 만들어 출시하기, 크몽과 같은 사이트 내에서 전문 맵 빌더로 활동하는 방법, 제페토 내에서 아바타로 라이브 방송을 하는 방법 등이 있습니다.

제페토와 같은 메타버스 플랫폼으로 인해 미래 일자리가 더욱 풍성해질 것입니다.

제페토 플랫폼에 관하여 자세한 내용은
《제페토 아이템 크리에이터 쉽게 따라하기(광문각)》를 보시면 자세히 알 수 있습니다.

[참고문헌]

- 아이뉴스24, https://www.inews24.com/view/1371780
- 아시아투데이, https://www.asiatoday.co.kr/view.php?key=20150710010006335
- 네이버 지식백과, https://terms.naver.com/entry.naver?docId=5661529&cid=61231&categoryId=61231
- 리니지공식홈페이지, https://lineagew.plaync.com/kr/index
- 한경 IT・과학, https://www.hankyung.com/it/article/201406050664v
- NestDaily, http://www.nextdaily.co.kr/news/articleView.html?idxno=12174
- https://www.edaily.co.kr/news/read?newsId=01981126616060448&mediaCodeNo=257&OutLnkChk=Y
- kbs 뉴스, https://news.kbs.co.kr/news/view.do?ncd=4135732
- kbs뉴스, https://news.kbs.co.kr/news/view.do?ncd=4135732
- 조선비즈, https://biz.chosun.com/international/international_general/2021/11/25/
  DB4QVU7VNNDEBBWBO3QKHLE2IU/?utm_source=naver&utm_medium=original&utm_campaign=biz
- https://www.itworld.co.kr/ne%E3%85%8Aws/205404
- igotit, https://igotit.tistory.com/entry/%EC%98%A4%ED%81%98%EB%9F%AC%EC%8A%A4-%EC%9D%B8%ED%
  94%BC%EB%8B%88%ED%8A%B8-%EC%98%A4%ED%94%BC%EC%8A%A4-%EA%B0%80%EC%83%81%EA%B3
  %B5%EA%B0%84-%EC%BB%A4%ED%93%A8%ED%8C%85-%EC%9E%91%EC%97%85%ED%99%98%EA%B2%
  BD
- ZDNET Korea, https://zdnet.co.kr/view/?no=20211126103111
- 이투데이, https://www.etoday.co.kr/news/view/1283982
- 이코노미스트, https://economist.co.kr/2021/11/22/industry/normal/20211122200009455.html
- 글로벌 이코노믹, https://news.g-enews.com/ko-kr/news/article/news_all/2021041814325425209ecba8d8b8_1/
  article.html?md=20210418143614_R
- 네이버 지식백과, https://terms.naver.com/entry.naver?docId=3580698&cid=59088&categoryId=59096
- DATANET, http://www.datanet.co.kr/news/articleView.html?idxno=115476
- 문화경제, https://weekly.cnbnews.com/news/article.html?no=134382NEWSIS https://newsis.com/
  view/?id=NISX20211128_0001667162&cID=13001&pID=13000
- 시사저널, http://www.sisajournal.com/news/articleView.html?idxno=209647
- 업랜드, https://play.upland.me/
- Forbes 코리아, http://jmagazine.joins.com/forbes/view/330160
- 유튜브(UploadVR), https://www.youtube.com/watch?v=aovJh2SxDYU&t=58s
- 유튜브(UnrealEngine), https://www.youtube.com/watch?v=WuyHqsjv-EY&t=95s
- CIO, https://www.ciokorea.com/news/34586
- knight Frank Research
- 썸트랜드, https://some.co.kr/analysis/social/mention
- taito게임, https://www.taito.co.jp/mob/0000003347
- http://it.chosun.com/site/data/html_dir/2020/12/26/2020122600793.html
- GameMeca https://www.gamemeca.com/view.php?gid=1630254
- 한국정경신문, http://kpenews.com/View.aspx?No=1424574
- https://www.americasarmy.com/
- BIZION, http://www.bizion.com/bbs/board.php?bo_table=social&wr_id=226&sca=CSR%2CCSV
- 네이버 영화 소개, https://search.naver.com/search.naver?where=nexearch&sm=tab_
  etc&mra=bkEw&pkid=68&os=2051865&qvt=0&query=%EC%98%81%ED%99%94%20
  %EB%A7%88%EC%85%98%20%ED%8F%AC%ED%86%A0:
- 불교신문, http://www.ibulgyo.com/news/userArticlePhoto.html

• 모여 봐요 동물의 숲 공식 사이트, https://game.naver.com/lounge/Animal_Crossing_New_Horizons/tactic/215175
• 비즈팩트, http://news.tf.co.kr/read/economy/1880847.htm
• 서울경제, https://www.sedaily.com/NewsView/22M9NMKTQ9
• IT Chosun, http://it.chosun.com/site/data/html_dir/2020/12/26/2020122600793.html
• 서울경제, https://www.sedaily.com/NewsView/22U3QFH2L4
• ZD NET Korea, https://zdnet.co.kr/view/?no=20210518104114
• 한경 경제, https://www.hankyung.com/economy/article/2021092945231
• 아노 1404 게임, https://www.gog.com/game/anno_1404_gold_edition
• 디센트럴랜드, https://decentraland.org/
• 더 샌드박스, https://www.sandbox.game/en/map/?liteMap=false&currentX=1264&currentY=919&zoom=1
• 에픽게임즈, https://www.epicgames.com/store/ko/
• 매일경제, https://www.mk.co.kr/news/world/view/2021/07/666248/
• 여성신문, http://www.womennews.co.kr/news/articleView.html?idxno=214883
• 조선일보, https://www.chosun.com/international/international_
  general/2021/03/04/7UPQSHJV3FAUVE6M4ENOETQNBA/
• 뉴데일리경제, https://biz.newdaily.co.kr/site/data/html/2021/11/23/2021112300121.html
• 테라버츄아, https://biz.newdaily.co.kr/site/data/html/2021/11/23/2021112300121.html
• 네이버 블로그, https://blog.naver.com/skypoem7/222307050152
• INSIDER, https://www.businessinsider.com/ethereum-nft-meme-art-nyan-cat-sells-for-300-eth-2021-2
• The Verge, https://www.theverge.com/22310188/nft-explainer-what-is-blockchain-crypto-art-faq
• 크몽, https://kmong.com/search?page=1&type=gigs&keyword=%EC%A0%9C%ED%8E%98%ED%86%A0
• 동아일보, https://www.donga.com/news/article/all/20210707/107824736/1
• 이투데이, https://www.etoday.co.kr/news/view/2066412
• pixabay, https://pixabay.com/
• 소비자 평가, http://www.iconsumer.or.kr/news/articleView.html?idxno=10302
• 경향신문, https://www.khan.co.kr/feature_story/article/201311221947195
• The SCIENCE the times, https://www.sciencetimes.co.kr/news/111%EB%AC%B4%EC%84%A0-bci-
  %EC%9D%B8%EA%B0%84%EC%97%90-%EC%B5%9C%EC%B4%88-%EC%8B%9C%EC%97%B0-
  %EC%84%B1%EA%B3%B5/
• 비즈한국, http://www.bizhankook.com/bk/article/20286
• 연합뉴스, https://news.naver.com/main/read.naver?oid=001&aid=0011845846
• moneys, https://m.moneys.mt.co.kr/article.html?no=2021100210378021082#_enliple
• 한국경제, https://www.hankyung.com/economy/article/2021100442177
• OSEN https://news.naver.com/main/read.naver?oid=109&aid=0004263691
• 한경닷컴 게임톡 https://gametoc.hankyung.com/news/articleView.html?idxno=62372
• 매거진 한경, https://magazine.hankyung.com/business/article/202106305357b
• 정보통신신문, https://www.koit.co.kr/news/articleView.html?idxno=87830
• 한경 IT · 과학, https://www.hankyung.com/it/article/2021112244001
• Expedia, https://www.expedia.co.kr/Palmanova.dx6126157
• 신선뉴스, https://www.sisunnews.co.kr/news/articleView.html?idxno=36997
• https://www.sedaily.com/NewsView/1RY7RU9A0O
• 아시아타임즈, https://www.asiatime.co.kr/article/20210311500341

메타버스 경제활동 영토를 선점하라 Ⅰ

메타버스

가상세계와 새로운 부(富)의 탄생

2022년   1월   28일   1판   1쇄   인 쇄
2022년   2월   10일   1판   1쇄   발 행

지 은 이 : 주 종 민
펴 낸 이 : 박 정 태

펴 낸 곳 : **광 문 각**

10881
경기도 파주시 파주출판문화도시 광인사길 161
광문각 B/D 4층
등   록 : 1991. 5. 31 제12-484호
전 화(代) : 031) 955-8787
팩   스 : 031) 955-3730
E - mail : kwangmk7@hanmail.net
홈페이지 : www.kwangmoonkag.co.kr

ISBN : 978-89-7093-705-2   93000

값 : 18,000원

한국과학기술출판협회회원